ALEXANDER GOLDWEIN

IMMOBILIENKAUF- UND BAUVERTRAG RECHTSSICHER ABSCHLIESSEN

MASTERKURS IMMOBILIENINVESTMENTS

M&E BOOKS VERLAG

Immobilienkauf- und Bauvertrag rechtssicher abschliessen
Masterkurs Immobilieninvestments
Alexander Goldwein
ISBN 978-3-947201-05-1
2. Auflage 2017
© 2017 by M&E Books Verlag GmbH, Köln

M&E Books Verlag GmbH
Thywissenstraße 2
51065 Köln
Telefon 0221 – 9865 6223
Telefax 0221 – 5609 0953
www.me-books.de
info@me-books.de
Steuer-Nr: 218/5725/1344
USt.-IdNr.: DE310782725
Geschäftsführer: Vu Dinh

Die Deutsche Nationalbibliothek verzeichnet diese Publikation in der
Deutschen Nationalbibliographie. Detaillierte bibliographische Daten sind
im Internet über http://dnb.de abrufbar.

VORWORT

Auch Sie können Erfolg haben als privater Wohnimmobilieninvestor und Ihrem Vermögen eine neue Perspektive geben und finanzielle Unabhängigkeit erlangen. Diese Buchreihe setzt keine Vorkenntnisse voraus und ist auch für Anfänger geeignet. Sie gliedert sich in insgesamt 5 Teile, die jeweils als Taschenbuch und Ebook erscheinen. Sie können die Teile hintereinander durcharbeiten und erhalten so eine praktische Ausbildung zum Immobilieninvestor. Da die einzelnen Teile in sich abgeschlossene Darstellungen enthalten, können Sie diese auch separat lesen, um punktuell Ihr Wissen zu vertiefen.

Alternativ können Sie auch meine Gesamtdarstellung in dem Buch "**Geld verdienen mit Wohnimmobilien**" erwerben. In der Gesamtdarstellung werden alle Themen rund um Kapitalanlagen in Immobilien behandelt und mit konkreten Beispielen erklärt. Wenn Sie noch keine Kenntnisse haben und sich umfassend informieren wollen, ist die Gesamtdarstellung "Geld verdienen mit Wohnimmobilien" für Sie geeignet. Wenn Sie nur punktuell Ihr Wissen vertiefen wollen, wäre der entsprechende Teil dieser Buchreihe für Sie geeignet.

In diesem Teil der Buchreihe erfahren Sie, worauf beim Abschluss der Verträge für den Kauf, den Bau und die Finanzierung der Renditeimmobilie zu achten ist. Der Ablauf des Erwerbsvorgangs und die notwendigen und typischen Inhalte von Kaufverträgen, Bauträgerverträgen, Bauverträgen und Darlehensverträgen werden besprochen.

Darüber hinaus umfasst die Buchreihe folgende weitere Teile:

- Strategie zum Reichwerden mit Immobilien
- Immobilien professionell suchen, prüfen und kaufen
- Immobilien richtig finanzieren und kalkulieren
- Immobilien erfolgreich vermieten und Steuern sparen

Ich bin Wirtschaftsjurist mit einer Spezialisierung im Immobilienrecht. Mit Kapitalanlagen in Immobilien bin ich innerhalb weniger Jahre self-made Millionär geworden. Als Autor und Berater habe ich zahlreiche Menschen zu wirtschaftlichem Erfolg geführt. Mehrere meiner praktischen Ratgeber zu Immobilien sind Bestseller Nr. 1 bei Amazon geworden.

Ich wünsche Ihnen viel Spaß beim Lesen und eine glückliche Hand bei Ihren Kapitalanlagen in Immobilien!

Alexander Goldwein

INHALTSVERZEICHNIS

I. ABSCHLUSS DER VERTRÄGE

Wenn Sie nun eine geeignete Renditeimmobilie gefunden, diese gründlich geprüft haben und sich mit dem Verkäufer handelseinig geworden sind, müssen Sie Verträge abschließen. Die Verträge müssen Sie in der richtigen Reihenfolge und mit dem richtigen Inhalt abschließen. Dazu ist es hilfreich, sich mit der Struktur eines Immobilienkaufes und mit den typischen Inhalten von Immobilienkaufverträgen vertraut zu machen. Für den Erwerb einer Immobilie sind mehrere Rechtsakte zu vollziehen. Die Weichenstellungen für den Vollzug werden im notariellen Kaufvertrag vorgenommen. Das gilt gleichermaßen für den Erwerb von bebauten und unbebauten Grundstücken und für den Erwerb von Eigentumswohnungen.

1. PHASEN DES ERWERBSVORGANGS

Zur Verdeutlichung der Phasen eines Immobilienerwerbs dient die folgende schematische Darstellung:

Damit Sie verstehen können, warum die Phasen eines Immobilienerwerbes so ablaufen müssen, möchte ich Ihnen zunächst etwas über die rechtlichen Hintergründe und Zusammenhänge erklären.

Rechtlich zu unterscheiden sind das **Eigentum** an einer Immobilie und der **Besitz**. Eigentümer ist, wer als solcher im Grundbuch eingetragen ist. Besitzer einer Immobilie ist derjenige, der die tatsächliche Sachherrschaft über die Immobilie hat (wie z.B. der Mieter einer Wohnung).

Der Abschluss des notariellen Kaufvertrages selbst verursacht noch keinen Eigentumsübergang des Grundstückes, sondern er regelt „nur" die Pflichten der Parteien, den Eigentumswechsel gegen die Kaufpreiszahlung in die Wege zu leiten und zu vollziehen. Das beruht auf einem der wesentlichen Prinzipien des deutschen Rechtes, welches Verpflichtungsgeschäft und Verfügungsgeschäft voneinander trennt und als separate Rechtsgeschäfte behandelt, die hintereinander geschaltet werden können (**Abstraktionsprinzip**).

Die Verpflichtung zum Vollzug eines Eigentumsübergangs vom Verkäufer auf den Käufer wird hier bereits in der ersten Phase mit Abschluss des notariellen Kaufvertrages über die Immobilie begründet. Der tatsächliche Übergang des Eigentums auf den Käufer erfolgt erst in der letzten Phase mit seiner Eintragung in das Grundbuch. Vorher ist der Käufer zu keiner Zeit Eigentümer des Grundstückes.

Phasen beim Immobilienerwerb

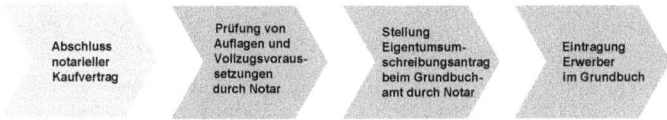

Abschluss notarieller Kaufvertrag	Prüfung von Auflagen und Vollzugsvoraussetzungen durch Notar	Stellung Eigentumsumschreibungsantrag beim Grundbuchamt durch Notar	Eintragung Erwerber im Grundbuch

Typischer Inhalt:

- genaue Beschreibung des Grundstücks erforderlich
- In der Regel Verpflichtung zur lastenfreien Übertragung des Grundstücks
- Vollmacht für Käufer zur Belastung des Grundstückes mit Grundschulden
- Festlegung der Fälligkeitsvoraussetzungen für Kaufpreiszahlung und der Treuhandauflagen an Notar für Vollzug des Kaufvertrages
- Gewährleistungsausschluss bei Altbauten

Typische Auflagen:

- Löschung von Grundpfandrechten zur Herstellung der Lastenfreiheit des Grundstücks
- Eintragung einer Auflassungsvormerkung für den Käufer (= Fälligkeitsvoraussetzung für Kaufpreiszahlungspflicht)
- Vorliegen einer Erklärung der der Gemeinde, dass Vorkaufsrecht gemäß § 24 BauGB nicht ausgeübt wird (Negativattest)

Aber:

- Antragstellung auf Eigentumsumschreibung beim Grundbuchamt darf erst erfolgen, wenn alle Auflagen und Vollzugsvoraussetzungen erfüllt oder erfüllbar sind und Unterlagen (z.B. Löschungsbewilligung der Bank für Grundpfandrechte) dazu vorliegen
- Kaufpreiszahlung muss zu diesem Zeitpunkt erfolgt sein

Da es bei Immobilienverkäufen in der Regel um sehr hohe Geldbeträge und große Vermögenswerte geht, ist es für beide Vertragsparteien wichtig, dass die Abwicklung des Kaufvertrages nur **Zug-um-Zug** unter Beteiligung eines Notars als neutraler Schaltstelle erfolgt. Denn keine der Vertragsparteien möchte den von ihr geschuldeten Teil des Kaufvertrags aus der Hand geben, wenn die andere Vertragspartei ihren Teil der Leistung noch zurückhalten kann. Diesem Bedürfnis dienen die zweite und dritte Phase des Erwerbsvorgangs in der obigen Darstellung.

Im Folgenden möchte ich Ihnen die einzelnen Phasen näher erläutern, um dann an späterer Stelle darauf einzugehen, welche Besonderheiten bei bestimmten Käufen zu beachten sind wie z.B. beim Kauf einer noch zu bauenden

Immobilie vom Bauträger oder beim Kauf in der Zwangsversteigerung.

a) Abschluss des notariellen Kaufvertrages

Die erste Phase des Erwerbsvorgangs beginnt mit dem Abschluss des notariellen Kaufvertrages über die Immobilie. Der Kaufvertrag über ein Grundstück bedarf gemäß § 313b BGB der notariellen Beurkundung. Das gilt auch für Vorverträge, in denen bereits Einzelheiten eines Grundstücksverkaufes festgeschrieben werden, der später zustande kommen soll.[1]

aa) Umfang der Beurkundungspflicht

Die Beurkundungspflicht erfasst dabei nicht nur die Verpflichtung zur Übertragung des Eigentums an der verkauften Immobilie, sondern den gesamten Vertrag und alle Abreden, die mit der Immobilienübertragung getroffen werden. In diesem Zusammenhang ist es wichtig, sich Klarheit über Bestandteile und Zubehör der Immobilie zu verschaffen und sich darüber zu verständigen, welche Gegenstände mitverkauft werden sollen und die getroffenen Vereinbarungen vollständig und lückenlos im Text des notariellen Kaufvertrages zu dokumentieren. Wenn es sich um wesentliche Bestandteile des Grundstückes handelt, so ist eine Regelung zwar nicht zwingend erforderlich, da diese automatisch mit dem Eigentum am Grundstück übergehen. Da die Abgrenzung zwischen wesentli-

---

[1] Siehe Bundesgerichtshof, Urteil v. 07.02.1986, abgedruckt in Neue Juristische Wochenschrift 1986, S. 1983 ff.

chen Bestandteilen einerseits und Scheinbestandteilen sowie Zubehör andererseits nicht immer leicht und zweifelsfrei zu treffen ist, ist es empfehlenswert, eine zumindest klarstellende Regelung im Kaufvertrag zu treffen.

Wenn bewegliches Mobiliar (bzw. Zubehör oder Einrichtungsgegenstände) mitverkauft wird, so sollte auch dieses unbedingt in dem Kaufvertrag dokumentiert werden. Darüber hinaus kann durch die Zuteilung eines Teiles des Kaufpreises auf dieses Mobiliar Grunderwerbssteuer gespart werden, weil sich dadurch die Bemessungsgrundlage der Grunderwerbssteuer reduziert, die ja nur auf die Übertragung von Immobilien und nicht auf die Übertragung von Mobiliar anfällt. Wenn beispielsweise eine Küche mit Schränken und Hausgeräten übernommen wird, so sollte das nicht nur im notariellen Kaufvertrag festgehalten werden, sondern hierauf sollte auch ein angemessener Teil des Kaufpreises zugeteilt werden. Es gibt daher sowohl vertragsrechtliche Gründe als auch steuerrechtliche Gründe für die genaue und lückenlose Auflistung des mitverkauften Mobiliars.

bb) Notwendige und übliche Regelungen in Kaufverträgen

Zwingend erforderlich ist zunächst die genaue Bezeichnung der Kaufvertragsparteien. Weiterer notwendiger Bestandteil des notariellen Grundstückskaufvertrages ist die genaue Beschreibung der gegenseitigen Hauptleistungspflichten und Nebenleistungspflichten der Vertragsparteien.

Die **Hauptleistungspflicht des Verkäufers** besteht in der Übertragung des Eigentums an dem Grundstück auf den Käufer. Zur Bestimmung der Hauptleistungspflicht des Verkäufers ist die genaue Bezeichnung des Grundstückes erforderlich, welches verkauft wird. Dazu werden die wesentlichen Daten des Grundbuchblattes zur eindeutigen Identifizierung des Grundstückes in den Text des Kaufvertrages übernommen.

Die **Hauptleistungspflicht des Käufers** besteht in der Zahlung des Kaufpreises, der im Kaufvertrag angegeben werden muss. Die bloße Bezifferung der Höhe des Kaufpreises ist jedoch nicht ausreichend. Darüber hinaus sind Regelungen erforderlich, welche Voraussetzungen erfüllt sein müssen, damit der Kaufpreis zur Zahlung fällig wird.

Der Verkäufer möchte den Kaufpreis natürlich so früh wie möglich erlangen und das Eigentum am Grundstück so spät wie möglich verlieren. Der Käufer hat naturgemäß eine genau entgegengesetzte Interessenlage: Er möchte den Kaufpreis so spät wie möglich bezahlen und das Eigentum am Grundstück so früh wie möglich erlangen. Wegen dieser divergierenden Interessenlage und vor dem Hintergrund, dass es um die Verschiebung erheblicher Vermögenswerte geht, wird die Abwicklung der gegenseitigen Pflichten **Zug-um-Zug** unter Einschaltung eines Notars abgewickelt.

Vereinbarte **Nebenleistungspflichten** der Vertragsparteien sind ebenfalls im Vertragstext lückenlos und vollständig darzustellen. Dazu gehört in aller Regel die Verpflichtung des Verkäufers, das **Grundstück lastenfrei zu übertragen**, was beinhaltet, dass eingetragene Grundpfandrechte zu löschen sind. Die dazu erforderlichen Schritte fallen in die Pflicht des Verkäufers.

Die Übernahme von Grundpfandrechten ist sehr selten, weil sie nicht praktikabel ist. Da in den Vertragswerken der Banken standardmäßig nur die Verpflichtung zur Erteilung der Löschungsbewilligung und nicht alternativ die Verpflichtung zur Mitwirkung bei der Übertragung von Grundschulden enthalten ist, wird die Bank in aller Regel auch die Mitwirkung verweigern, da diese mit mehr Arbeitsaufwand verbunden ist als die Erteilung der Löschungsbewilligung.

Falls weitere Nebenleistungspflichten vereinbart sind, so müssen auch diese vollständig in dem Kaufvertrag dargestellt werden. Üblich ist z.B. die Verpflichtung des Verkäufers zur besenreinen Räumung einer Immobilie vor der Überlassung an den Käufer, d.h. zur vollständigen Entfernung des Mobiliars und ggf. auch vorhandenen Unrates wenn die Immobilie von dem Verkäufer noch selbst bewohnt oder genutzt wird.

Es kann auch ratsam sein, im Kaufvertrag nicht nur die Verpflichtung des Verkäufers zur Räumung der Immobilie zu verankern, sondern darüber hinaus die Unterwerfung des Verkäufers unter die sofortige Zwangsvollstreckung hinsichtlich der Räumungsverpflichtung zu regeln. Wenn der Verkäufer selbst die Immobilie bewohnt und diese absprachewidrig nicht räumt, so kann aus der notariellen Urkunde die Räumung im Wege der Zwangsvollstreckung betrieben werden. Allein diese Vereinbarung führt im Normalfall schon dazu, dass der Verkäufer die Immobilie pünktlich räumt.

Empfehlenswert ist die Aufnahme der Nebenleistungspflicht des Verkäufers, sämtliche Bauunterlagen und eine möglichst vollständige und lückenlose Dokumentation von durchgeführten Renovierungen und Sanierungen an den Käufer zu übergeben.

Denkbar sind auch Regelungen über bestimmte Baumaßnahmen oder Abrissmaßnahmen, die der Verkäufer vor der Eigentumsübertragung schuldet. Geht es nicht um einzelne Baumaßnahmen an einer verkauften Bestandsimmobilie, sondern um die vollständige Neuerrichtung, so liegt ein Bauträgervertrag vor und kein reiner Kaufvertrag.

Da gebrauchte Bestandsimmobilien nahezu ausnahmslos ohne Mängelgewährleistungsrechte des Käufers verkauft werden, sind hiervon abweichende Regelungen, dass der Verkäufer gleichwohl bestimmte Mängelbeseitigungen schuldet, unbedingt im Vertrag zu dokumentieren. Dabei ist es wichtig, die Mängel und die vereinbarten Maßnahmen zur Beseitigung so konkret wie möglich zu beschreiben, damit es später keinen Streit über den Umfang der Mängelbeseitigung gibt und damit der Vollzug des Kaufvertrages an derartigen Streitigkeiten nicht scheitert.

Häufig findet sich im notariellen Kaufvertrag eine Bevollmächtigung des Käufers zur Belastung des Grundstückes mit Grundschulden bereits vor der Eigentumsumschreibung im Grundbuch. Diese Regelungen sind insbesondere dann notwendig, wenn der Käufer den Kaufpreis (ganz oder teilweise) über ein Darlehen finanziert. Ohne diese Bevollmächtigung könnte der Käufer den Kredit von der Bank nicht abrufen, um damit den Kaufpreis zu bezahlen und seinen Teil für den Vollzug des Kaufvertrages nicht erbringen.

b) Vollzug des Immobilienkaufvertrages

Wie bereits oben angesprochen, wird der Kaufvertrag nicht nur beim Notar geschlossen, sondern auch unter Mitwirkung des Notars vollzogen, d.h. der Notar sorgt dafür, dass der Käufer und der Verkäufer ihre vertraglichen Pflichten nicht in beliebiger Reihenfolge erfüllen, sondern unter Vermittlung des Notars Zug-um-Zug.

Da der Käufer den Kaufpreis in der Regel nicht vollständig aus Eigenkapital bestreiten kann, kommt beim Vollzug des Kaufvertrages häufig noch die Bank des Käufers ins Spiel. Wenn der Verkäufer die Immobilie ebenfalls mit einer Darlehensfinanzierung gekauft hatte und sein Darlehen noch nicht vollständig zurückgeführt ist, kommt darüber hinaus auch noch die Bank des Verkäufers ins Spiel. Die Absicherung dieser weiteren Vertragsparteien muss beim Vollzug des Kaufvertrages durch den Notar ebenfalls berücksichtigt werden, so dass in dieser Konstellation neben dem Notar insgesamt vier Parteien am Vollzug des Kaufvertrages beteiligt sind.

Grundsätzlich wird die Bank des Käufers nur dann bereit sein, den Darlehensbetrag zur Bezahlung des Kaufpreises auszuzahlen, wenn ihr zuvor ein Grundpfandrecht auf dem Grundstück bestellt worden ist. Die Bank des Verkäufers wird ihrerseits nur dann die Löschungsbewilligung hinsichtlich ihres Grundpfandrechtes erteilen, wenn sichergestellt ist, dass sie aus der Kaufpreiszahlung den erforderlichen Geldbetrag zur Rückführung des Bankdarlehens des Verkäufers erhält.

Das nachfolgende Schema verdeutlicht diese Zusammenhänge und den Vollzug eines Immobilienkaufvertrages unter Beteiligung eines Notars. Dabei laufen die einzelnen in Schritte in der Reihenfolge der Nummerierung der schematischen Darstellung ab.

Vollzug eines Immobilienkaufvertrages

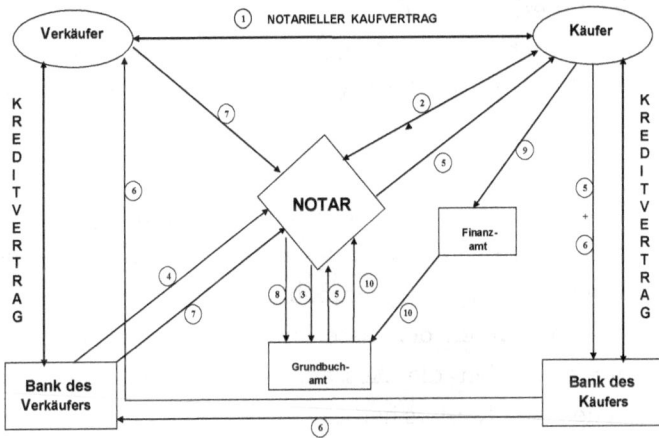

Nr. 1: Im notariellen Kaufvertrag wird der Käufer bevollmächtigt, das Grundstück bereits vor der Eigentumsumschreibung mit Grundpfandrechten zu belasten (siehe oben).

Nr. 2: Nach Abschluss des notariellen Kaufvertrages wird direkt anschließend von dieser Vollmacht Gebrauch gemacht und der Notar beurkundet eine Grundschuldbestellung für die Bank des Käufers, die dieser aufgrund der im Kaufvertrag erteilten Vollmacht nun auf dem Grundstück bestellen kann.

Nr. 3: Der Notar beantragt die Eintragung der Grundschuld in das Grundbuch und darüber hinaus die Eintragung einer Eigentumsvormerkung für den Käufer.

Nr. 4: Der Notar erhält von der Bank des Verkäufers zu treuen Händen die Löschungsbewilligung hinsichtlich der

Grundschuld, die den Kredit des Verkäufers auf dem Grundstück sichert. Die Übersendung der Löschungsbewilligung erfolgt mit der Treuhandauflage, die Löschung der Grundschuld beim Grundbuchamt erst zu beantragen, wenn die Bank des Verkäufers die Darlehensvaluta zur Ablösung des Darlehens des Verkäufers erhalten hat und dieses gegenüber dem Notar bestätigt.

Nr. 5: Notar erhält Nachweise der Eintragung der Grundschuld für die Bank des Käufers sowie der Eigentumsvormerkung vom Grundbuchamt und übersendet diese dem Käufer, der diese an seine Bank weiterleitet. Dadurch werden die Auszahlungsvoraussetzungen des Darlehens des Käufers herbeigeführt.

Nr. 6: Käufer weist seine Bank an, aus dem abrufbaren Darlehensbetrag den Kaufpreis an die Bank des Verkäufers zu überweisen, soweit dieser zur Ablösung des Darlehens des Verkäufers benötigt wird und den restlichen Kaufpreis direkt an den Verkäufer auszuzahlen.

Nr. 7: Bank des Verkäufers und Verkäufer bestätigen gegenüber dem Notar den Eingang des Geldes.

Nr. 8: Notar reicht die Löschungsbewilligung hinsichtlich der Grundschuld der Bank des Verkäufers und den Eigentumsumschreibungsantrag beim Grundbuchamt ein.

Nr. 9: Käufer zahlt Grunderwerbssteuer an das Finanzamt

Nr. 10: Grundbuchamt trägt nach Bestätigung der Zahlung der Grunderwerbssteuer den Käufer als neuen Eigentümer im Grundbuch ein und übersendet eine Eintragungsmitteilung an den Notar und an den Käufer.

c) Besitzübergang

Wie oben dargestellt, erfolgt der Eigentumsübergang erst mit der Eintragung des Käufers als neuer Eigentümer im Grundbuch (letzte Phase in der schematischen Darstellung). Da zwischen der Einreichung des Eigentumsumschreibungsantrages beim Grundbuchamt und der Eintragung des neuen Eigentümers im Grundbuch in der Regel etwa 3 Monate verstreichen, müssten die Vertragsparteien einige Monate warten, wenn sie den Eigentumsübergang und den Besitzübergang zeitgleich vollziehen wollten.

In der Praxis besteht jedoch kein Bedürfnis, diese Zeit noch abzuwarten, weil nach Einreichung des Eigentumsumschreibungsantrages beim Grundbuchamt durch den Notar nichts mehr passieren kann, was den Eigentumsübergang und den Vollzug des Kaufvertrages noch scheitern lassen könnte. Daher wird in der Praxis der Besitz an der Immobilie bereits nach Bestätigung des Eingangs des Kaufpreises durch den Verkäufer und seine Bank vollzogen.

Da folglich der Besitzübergang dem Eigentumsübergang zeitlich vorausgeht, werden im notariellen Kaufvertrag üblicherweise noch Regelungen getroffen, dass die Rechte und Pflichten des Immobilieneigentümers (z.B. Verpflichtung zur Zahlung von Grundsteuern, Verkehrssicherungspflichten, Recht zur Eintreibung von Mieten bei vermieteten Immobilien etc.) nicht erst mit der Eigentumsumschreibung im Grundbuch übergehen, sondern bereits mit der Besitzverschaffung.[2] Solche Regelungen

---

[2] Gemäß § 566 BGB geht z.B. der Mietvertrag beim Verkauf auf den Käufer über. Der Übergang erfolgt jedoch erst mit der Eigen-

sind angemessen und entsprechen den tatsächlichen Ge-
gebenheiten. Eine unmissverständliche und klare Regelung dieser Punkte im notariellen Kaufvertrag ist unbedingt anzuraten.

2. Besonderheiten beim Kauf einer Neubauimmobilie vom Bauträger

Als Renditeobjekte können auch noch zu errichtende
Immobilien in Erwägung gezogen werden. Hierbei sind
allerdings Projektrisiken in die Abwägung einzubeziehen,
die sich aus Budgetüberschreitungen sowie aus Rechtsstreitigkeiten mit dem Bauträger ergeben können. Darüber
hinaus trägt der Investor bis zur vollständigen Fertigstellung der Immobile das Risiko, dass der Bauträger insolvent wird und mit einem anderen Bauunternehmer zu
höheren Preisen fertig gebaut werden muss. Vor diesem
Hintergrund möchte ich Ihnen die Besonderheiten beim
Kauf einer noch zu errichtenden Immobilie vom Bauträger erklären.

Die Fallgestaltung, dass ein Altbau von einem Bauträger umfangreich umgebaut und saniert, aber bereits vor
Durchführung der Arbeiten an einen Erwerber verkauft
wird, gehört ebenfalls in diese Kategorie. Zu denken ist
hier etwa an den Umbau von alten Speichergebäuden in
Hafenvierteln zu modernen Eigentumswohnungen.

---

tumsumschreibung im Grundbuch (siehe Bundesgerichtshof, Urteil v. 12.03.2003, abgedruckt in Neue Juristische Wochenschrift
2003, S. 3158 ff.).

Der Vertrag über den Grundstücksverkauf und die Errichtung oder den Umbau der Immobilie wird in diesen Fällen **Bauträgervertrag** genannt. Solche Bauträgerverträge werden häufig bei Abverkauf von einzelnen Eigentumswohnungen einer größeren neu zu errichtenden Wohnungseigentumsanlage mit den Käufern geschlossen. Bei Lichte betrachtet ist der Bauträgervertrag kein reiner Kaufvertrag, sondern ein gemischter Vertrag, der sowohl Kaufvertragsbestandteile als auch Werkvertragsbestandteile beinhaltet. Der kaufvertragliche Bestandteil besteht in der Verpflichtung des Bauträgers zur Übertragung des Eigentums an dem Grundstück auf den Käufer. Der werkvertragliche Teil besteht aus der Verpflichtung zum Bau oder Umbau einer Immobilie auf dem Grundstück.[3]

Der Bauträgervertrag ist in Gänze beurkundungspflichtig, d.h. sowohl der kaufvertragliche Bestandteil über das Grundstück als auch der werkvertragliche Bestandteil mit der genauen Beschreibung der Bauverpflichtungen des Bauträgers müssen in die notarielle Urkunde vollständig aufgenommen werden.[4] In der Praxis geschieht das mit-

---

[3] Der Mischcharakter des Bauträgervertrages führt dazu, dass auf den Vertrag nebeneinander sowohl Kaufvertragsrecht als auch Werkvertragsrecht anwendbar sind. Siehe auch Bundesgerichtshof, Urteil v. 16.4.1973, abgedruckt in Neue Juristische Wochenschrift 1973, S. 1235 ff.
[4] Bundesgerichtshof, Urteil v. 10.02.2005, abgedruckt in Neue Juristische Wochenschrift 2005, S. 1356 ff. sowie Bundesgerichtshof, Urteil v. 6.4.1979, abgedruckt in Neue Juristische Wochenschrift 1979, S. 1496 ff. und Bundesgerichtshof, Urteil v. 22.07.2010, abgedruckt in Wertpapiermitteilungen - Zeitschrift für Wirtschafts- und Bankrecht 2010, S. 1817 ff.

tels einer **Baubeschreibung,** die als Anlage zum notariellen Kaufvertrag genommen und mit beurkundet wird.

Der Vorteil für den Käufer einer Bauträgerimmobilie besteht darin, dass er für die Bauleistungen des Bauträgers Mängelgewährleistungsansprüche hat, da ein Ausschluss der Gewährleistungsrechte unüblich und sogar unwirksam ist, wenn die Freizeichnung von der Haftung mit dem Käufer formelhaft erfolgt und nicht unter ausführlicher Belehrung über die weit reichenden Folgen erörtert worden ist.[5] Bei Altbauten, die ohne Bauleistungen verkauft werden, ist ein Ausschluss der Gewährleistung für Sachmängel hingegen üblich und auch wirksam.

Diese Vorteile sind allerdings erkauft mit Fertigstellungs- und Projektrisiken, die der Käufer partiell eingeht, da er eine unfertige Immobilie kauft. Er trägt zunächst das Fertigstellungsrisiko, d.h. das Risiko, dass der Bauträger vor der Fertigstellung insolvent wird und das Gebäude daher nicht fertig bauen kann.

Vor dem Hintergrund dieser erhöhten Gefährdung des Käufers hat der Gesetzgeber die **Makler- und Bauträgerverordnung (MaBV)** geschaffen, um den Käufer zu schützen. Sie legt fest, dass vertragliche Vereinbarungen, in denen der Bauträger den vereinbarten Werklohn für die Bauleistungen in voller Höhe vorab erhalten soll, grundsätzlich unwirksam sind. Nach der MaBV kann der Bau-

---

[5] Bundesgerichtshof, Urteil v. 05.04.1984, abgedruckt in Neue Juristische Wochenschrift 1984, S. 2094 ff. und Bundesgerichtshof, Urteil v. 06.10.2005, abgedruckt in Neue Juristische Wochenschrift 2006, S. 214 ff.

träger den Werklohn vielmehr nur in Teilbeträgen erhalten, die nach bestimmten Bauabschnitten fällig werden:

- 30% der Vertragssumme nach Beginn der Erdarbeiten
- Von der restlichen Vertragssumme:
- 40% nach Rohbaufertigstellung, einschließlich Zimmererarbeiten,
- 8% für die Herstellung der Dachflächen und Dachrinnen,
- 3% für die Rohinstallation der Heizungsanlagen,
- 3% für die Rohinstallation der Sanitäranlagen,
- 3% für die Rohinstallation der Elektroanlagen,
- 10% für den Fenstereinbau, einschließlich der Verglasung,
- 6% für den Innenputz, ausgenommen Beiputzarbeiten
- 3% für den Estrich,
- 4% für die Fliesenarbeiten im Sanitärbereich,
- 12% nach Bezugsfertigkeit und Zug um Zug gegen Besitzübergabe,
- 3% für die Fassadenarbeiten,
- 5% nach vollständiger Fertigstellung.

Ausnahmen von diesen Vorgaben sind nur in engen Grenzen gemäß § 7 MaBV möglich. Darüber hinaus sind die Fälligkeitsvoraussetzungen für den Werklohn des Bauträgers gesetzlich festgeschrieben, ohne deren Vorliegen der Bauträger überhaupt keine Zahlungen verlangen kann:

- Der Vertrag zwischen dem Bauträger und dem Auftraggeber muss rechtswirksam geschlossen sein und die für seinen Vollzug erforderlichen Genehmigungen müssen vorliegen.

- Zur Sicherung des Anspruchs des Käufers auf Eigentumsübertragung an dem Grundstück muss eine Vormerkung im Grundbuch eingetragen sein.

- Bei Verkauf einer Eigentumswohnung muss außerdem die Begründung des Sondereigentums im Grundbuch vollzogen sein wofür die Eintragung der Teilungserklärung im Grundbuch erforderlich ist.

- Die Freistellung des Grundstückes von allen Grundpfandrechten muss gesichert sein, die der Vormerkung im Rang vorgehen oder gleichstehen und nicht übernommen werden sollen.

- Die Baugenehmigung muss erteilt worden sein.

Schließlich trägt der Käufer das Risiko, dass die Baubeschreibung mit den Ausstattungsmerkmalen nicht hinreichend präzise ist und es daher später zum Streit über die Qualität der verwendeten oder zu verwendenden Baumaterialien kommt. Diese Streitigkeiten können vermieden werden, wenn penibel auf eine unmissverständliche, lückenlose und vollständige Baubeschreibung geachtet wird.

Der Notar wird zwar darauf achten, dass eine Baubeschreibung mit beurkundet wird, da diese beurkundungspflichtig ist (siehe oben). Der Notar kann und wird jedoch keine Prüfung und Beratung vornehmen, ob die Vertragsparteien hinreichend deutlich und vollständig beschrieben haben, welche Bauleistungen und welche Bauqualität vereinbart worden sind. Die Erfahrung zeigt leider, dass in Bau- und Rechtsfragen unerfahrene Käufer kaum in der Lage sind, abschließend zu beurteilen, ob ein vom Bauträger vorgelegter Textentwurf hinreichend präzise ist oder nicht.

Schließlich stellt sich die Frage, ob Bauträgerimmobilien unter Renditeaspekten eine gute Wahl sind. Eine große Nachfrage und ein geringes Angebot zeichnen derzeit den Wohnimmobilienmarkt in großen Städten und zunehmend auch in mittelgroßen Städten aus. Vor diesem Hintergrund werden verstärkt innerstädtische Flächen und auch Flächen im Umland solcher Städte entwickelt und mit Wohnungseigentumskomplexen bebaut. Für einen Investor stellt sich die Frage, ob solche Eigentumswohnungen als Renditeobjekt ebenso geeignet sind wie Bestandsobjekte in Vierteln mit organisch gewachsener Bebauung. Eine Antwort auf diese Frage hängt natürlich mit den Umständen des Einzelfalles zusammen und insbesondere mit dem Kaufpreis und der konkret erzielbaren Miete.

Es liegt auf der Hand, dass ein Vorteil darin besteht, dass man in neuwertige Bausubstanz investiert, die von Mietern in der Regel sehr geschätzt wird. Dieser Vorteil ist allerdings erkauft mit Fertigstellungs- und Projektrisiken, die der Käufer partiell eingeht. Eine weitere schlechte Nachricht ist, dass solche Neubaueigentumswohnungen in der Regel deutlich teurer sind als Bestandsobjekte. Das hängt nicht nur mit gestiegenen Grundstückpreisen aufgrund der verstärkten Nachfrage seit Ausbruch der Finanz- und Währungskrise zusammen. Das allein würde den erheblichen Preisunterschied zu Bestandsimmobilien noch nicht erklären. Ein weiterer Erklärungsansatz sind die massiv gestiegenen Baukosten, die aus immer höheren

Anforderungen an Energieeffizienz resultieren. Schätzungen gehen von bis zu 40% Baukostensteigerung seit der Jahrtausendwende aus. Der Gegenwert der höheren Baukosten in Form von Energieeinsparungen lässt sich jedoch bei Renditeimmobilien nicht 1:1 in höhere Mieten und Renditen ummünzen, weil Mieter natürlich nur sehr begrenzt bereit sind, Einsparungen bei den Energiekosten mit einer erhöhten Kaltmiete zu erkaufen. Vor diesem Hintergrund ergeben sich für derartige Immobilien leider in der Regel sehr magere Anfangsrenditen. Es ist für interessierte Investoren häufig ernüchternd und enttäuschend, wenn sie nach ersten Berechnungen feststellen, dass sich eine Bruttoanfangsrendite von knapp 2% ergibt.

Hinzu kommen bei solchen Immobilien noch fehlende Erfahrungswerte über die nachhaltige Vermietbarkeit. Es kommt durchaus vor, dass die Projektentwicklung einer größeren Wohnungseigentumsanlage in den Werbeprospekten der Bauträger noch recht gefällig wirkt. Nach Realisierung des Projektes und nach Abschluss der Bauarbeiten kann sich jedoch herausstellen, dass aufgrund einer zu dichten Bebauung „Ghettoatmosphäre" aufkommt und die Wohnungen am Ende des Tages am Markt deutlich weniger Wertschätzung erfahren als prognostiziert. Das kann in Kombination mit einer bestimmten Mieterstruktur in solchen Komplexen eine Abwärtsspirale in Gang setzen, die ein nicht zu unterschätzendes Risiko für den Immobilieninvestor darstellt. Daher kann es geschickter sein, nicht auf größere Neuentwicklungen zu setzen, sondern eher auf die Bebauung von innerstädtischen Baulücken mit kleineren Wohnungseigentumsanlagen. Bei solchen

Objekten kann leichter eingeschätzt werden, wie sich die Atmosphäre und die Mieterstruktur künftig entwickeln wird.

3. KAUFVERTRAG ÜBER GRUNDSTÜCK & BAU IN EIGENREGIE

Schließlich ist es auch möglich, als Investor ein Baugrundstück zu kaufen und darauf in Eigenregie eine Renditeimmobilie zu bauen. Daher möchte ich Ihnen auch zu dieser Fallgestaltung Informationen geben. Der Bau in Eigenregie birgt Projektrisiken wie Budgetüberschreitungen und das Risiko von Rechtsstreitigkeiten mit dem Bauunternehmer oder dem Architekten.

Wenn Sie „nur" Umbaumaßnahmen und durchgreifende Sanierungen an einer Bestandsimmobilie vornehmen wollen, haben die nachfolgenden Ausführungen für Sie ebenfalls einen Nährwert. Denn in solchen Fällen liegt der gleiche Vertragstypus eines Werkvertrages vor und es stellen sich ähnliche Fragen wie beim Neubau einer Immobilie.

a) Kauf des Grundstückes

Der Kauf des Grundstückes weist insofern keine Besonderheiten auf. Die Prüfung vorhandener Bausubstanz entfällt natürlich. Der Schwerpunkt der Überlegungen beim Kauf des Grundstückes liegt vielmehr auf der Frage, ob die beabsichtigte Bebauung des Grundstückes bauplanungsrechtlich möglich und genehmigungsfähig ist.

Auch insoweit gilt die Marktgepflogenheit, dass der Verkäufer in aller Regel **keine** Gewähr für eine bestimmte Bebaubarkeit oder baurechtliche Nutzbarkeit des Grundstückes übernimmt. Diese Fragen muss der Käufer des Grundstückes im Eigeninteresse selbst klären, damit es später keine bösen Überraschungen gibt. Wie oben ausgeführt, ist insoweit eine Einsichtnahme in den Bebauungsplan bei der Bauaufsichtsbehörde unbedingt erforderlich, um zu klären, welche Bebauungen nach den Festsetzungen grundsätzlich zulässig sind. Wenn die geplante Bebauung nicht eindeutig zulässig ist, so sollte vor verbindlichem Abschluss eines Kaufvertrages über das Grundstück ein **Bauvorbescheid** beim zuständigen Bauaufsichtsamt beantragt werden, um Zweifel auszuräumen.

Das setzt natürlich voraus, dass zu diesem Zeitpunkt bereits konkrete Vorstellungen und zumindest grobe Planungen vorhanden sind, die überhaupt Gegenstand einer Bauvoranfrage sein können. Es ist jedoch zwingend erforderlich, in dieser Reihenfolge vorzugehen, da ein Rücktritt vom verbindlichen Grundstückkaufvertrag nicht möglich ist, wenn der Verkäufer für die geplante Bebaubarkeit keine Gewähr übernommen hat, was in aller Regel nicht der Fall sein wird.

b) Planung der Bebauung

Bevor mit dem Bau einer Immobilie begonnen werden kann, sind umfangreiche Vorbereitungen erforderlich. Der Bau muss sorgfältig geplant werden, was in der Regel unter Zuziehung eines Architekten erfolgt. Sowohl in der Planungsphase als auch in der Bauphase kommt dem Architekten eine Schlüsselrolle zu.

Die Aufgaben des Architekten gehen über die Planung des Bauvorhabens weit hinaus. Er ist auch für die Vorbereitung und Mitwirkung bei der Vergabe der Bauleistungen an Bauunternehmer und Handwerker sowie die Überwachung der Bauarbeiten während der Bauphase und schließlich für die Vorbereitung der Schlussabnahme des fertigen Gebäudes durch den Bauherrn zuständig.

Die Tätigkeit des Architekten ist umfangreich gesetzlich geregelt in der **Honorarordnung für Architekten und Ingenieure (HOAI)**, die mit Wirkung zum 10.07.2013 umfangreich überarbeitet worden ist. Die HOAI enthält eine Anlage 10, in der die Aufgaben des Architekten in insgesamt 9 Leistungsphasen aufgeteilt und dargestellt sind:[6]

Leistungsphase 1: Grundlagenermittlung

- Klären der Aufgabenstellung auf Grundlage der Vorgaben oder der Bedarfsplanung des Auftraggebers
- Ortsbesichtigung
- Beraten zum gesamten Leistungs- und Untersuchungsbedarf

---

[6] Siehe § 34 HOAI und Anlage 10 zur HOAI.

- Formulieren der Entscheidungshilfen für die Auswahl anderer an der Planung fachlich Beteiligter
- Zusammenfassen, Erläutern und Dokumentieren der Ergebnisse

Leistungsphase 2: Vorplanung (Projekt- und Planungsvorbereitung)

- Analysieren der Grundlagen, Abstimmen der Leistungen mit den fachlich an der Planung Beteiligten
- Abstimmen der Zielvorstellungen, Hinweisen auf Zielkonflikte
- Erarbeiten der Vorplanung, Untersuchen, Darstellen und Bewerten von Varianten nach gleichen Anforderungen, Zeichnungen im Maßstab nach Art und Größe des Objekts
- Klären und Erläutern der wesentlichen Zusammenhänge, Vorgaben und Bedingungen (zum Beispiel städtebauliche, gestalterische, funktionale, technische, wirtschaftliche, ökologische, bauphysikalische, energiewirtschaftliche, soziale, öffentlich-rechtliche)
- Bereitstellen der Arbeitsergebnisse als Grundlage für die anderen an der Planung fachlich Beteiligten sowie Koordination und Integration von deren Leistungen
- Vorverhandlungen über die Genehmigungsfähigkeit
- Kostenschätzung nach DIN 276, Vergleich mit den finanziellen Rahmenbedingungen
- Erstellen eines Terminplans mit den wesentlichen Vorgängen des Planungs- und Bauablaufs
- Zusammenfassen, Erläutern und Dokumentieren der Ergebnisse

Leistungsphase 3: Entwurfsplanung (System- und Integrationsplanung)

- Erarbeiten der Entwurfsplanung, unter weiterer Berücksichtigung der wesentlichen Zusammenhänge, Vorgaben und Bedingungen (zum Beispiel städtebauliche, gestalterische, funktionale, technische, wirtschaftliche, ökologische, soziale, öffentlich-rechtliche) auf der Grundlage der Vorplanung und als Grundlage für die weiteren Leistungsphasen und die erforderlichen öffentlich-rechtlichen Genehmigungen unter Verwendung der Beiträge anderer an der Planung fachlich Beteiligter. Zeichnungen nach Art und Größe des Objekts im erforderlichen Umfang und Detaillierungsgrad unter Berücksichtigung aller fachspezifischen Anforderungen, zum Beispiel bei Gebäuden im Maßstab 1:100, zum Beispiel bei Innenräumen im Maßstab 1:50 bis 1:20
- Bereitstellen der Arbeitsergebnisse als Grundlage für die anderen an der Planung fachlich Beteiligten sowie Koordination und Integration von deren Leistungen
- Objektbeschreibung
- Verhandlungen über die Genehmigungsfähigkeit
- Kostenberechnung nach DIN 276 und Vergleich mit der Kostenschätzung
- Fortschreiben des Terminplans
- Zusammenfassen, Erläutern und Dokumentieren der Ergebnisse

Leistungsphase 4: Genehmigungsplanung

- Erarbeiten und Zusammenstellen der Vorlagen und Nachweise für öffentlich-rechtliche Genehmigungen oder Zustimmungen einschließlich der Anträge auf Ausnahmen und Befreiungen, sowie notwendiger Verhandlungen mit Behörden unter Verwendung der Beiträge anderer an der Planung fachlich Beteiligte
- Einreichen der Vorlagen
- Ergänzen und Anpassen der Planungsunterlagen, Beschreibungen und Berechnungen

Leistungsphase 5: Ausführungsplanung

- Erarbeiten der Ausführungsplanung mit allen für die Ausführung notwendigen Einzelangaben (zeichnerisch und textlich) auf der Grundlage der Entwurfs- und Genehmigungsplanung bis zur ausführungsreifen Lösung, als Grundlage für die weiteren Leistungsphasen
- Ausführungs-, Detail- und Konstruktionszeichnungen nach Art und Größe des Objekts im erforderlichen Umfang und Detaillierungsgrad unter Berücksichtigung aller fachspezifischen Anforderungen, zum Beispiel bei Gebäuden im Maßstab 1:50 bis 1:1, zum Beispiel bei Innenräumen im Maßstab 1:20 bis 1:1
- Bereitstellen der Arbeitsergebnisse als Grundlage für die anderen an der Planung fachlich Beteiligten, sowie Koordination und Integration von deren Leistungen
- Fortschreiben des Terminplans

- Fortschreiben der Ausführungsplanung auf Grund der gewerkorientierten Bearbeitung während der Objektausführung
- Überprüfen erforderlicher Montagepläne der vom Objektplaner geplanten Baukonstruktionen und baukonstruktiven Einbauten auf Übereinstimmung mit der Ausführungsplanung

Leistungsphase 6: Vorbereitung der Vergabe

- Aufstellen eines Vergabeterminplans
- Aufstellen von Leistungsbeschreibungen mit Leistungsverzeichnissen nach Leistungsbereichen, Ermitteln und Zusammenstellen von Mengen auf der Grundlage der Ausführungsplanung unter Verwendung der Beiträge anderer an der Planung fachlich Beteiligter
- Abstimmen und Koordinieren der Schnittstellen zu den Leistungsbeschreibungen der an der Planung fachlich Beteiligten
- Ermitteln der Kosten auf der Grundlage vom Planer bepreister Leistungsverzeichnisse
- Kostenkontrolle durch Vergleich der vom Planer bepreisten Leistungsverzeichnisse mit der Kostenberechnung
- Zusammenstellen der Vergabeunterlagen für alle Leistungsbereiche

Leistungsphase 7: Mitwirkung bei der Vergabe

- Koordinieren der Vergaben der Fachplaner
- Einholen von Angeboten

- Prüfen und Werten der Angebote einschließlich Aufstellen eines Preisspiegels nach Einzelpositionen oder Teilleistungen, Prüfen und Werten der Angebote zusätzlicher und geänderter Leistungen der ausführenden Unternehmen und der Angemessenheit der Preise
- Führen von Bietergesprächen
- Erstellen der Vergabevorschläge, Dokumentation des Vergabeverfahrens
- Zusammenstellen der Vertragsunterlagen für alle Leistungsbereiche
- Vergleichen der Ausschreibungsergebnisse mit den vom Planer bepreisten Leistungsverzeichnissen oder der Kostenberechnung
- Mitwirken bei der Auftragserteilung

Leistungsphase 8: Objektüberwachung (Bauüberwachung)

- Überwachen der Ausführung des Objektes auf Übereinstimmung mit der öffentlich-rechtlichen Genehmigung oder Zustimmung, den Verträgen mit ausführenden Unternehmen, den Ausführungsunterlagen, den einschlägigen Vorschriften sowie mit den allgemein anerkannten Regeln der Technik
- Überwachen der Ausführung von Tragwerken mit sehr geringen und geringen Planungsanforderungen auf Übereinstimmung mit dem Standsicherheitsnachweis
- Koordinieren der an der Objektüberwachung fachlich Beteiligten

- Aufstellen, Fortschreiben und Überwachen eines Terminplans (Balkendiagramm)
- Dokumentation des Bauablaufs (zum Beispiel Bautagebuch)
- Gemeinsames Aufmaß mit den ausführenden Unternehmen
- Rechnungsprüfung einschließlich Prüfen der Aufmaße der bauausführenden Unternehmen
- Vergleich der Ergebnisse der Rechnungsprüfungen mit den Auftragssummen einschließlich Nachträgen
- Kostenkontrolle durch Überprüfen der Leistungsabrechnung der bauausführenden Unternehmen im Vergleich zu den Vertragspreise
- Kostenfeststellung, zum Beispiel nach DIN 276
- Organisation der Abnahme der Bauleistungen unter Mitwirkung anderer an der Planung und Objektüberwachung fachlich Beteiligter, Feststellung von Mängeln, Abnahmeempfehlung für den Auftraggeber
- Antrag auf öffentlich-rechtliche Abnahmen und Teilnahme daran
- Systematische Zusammenstellung der Dokumentation, zeichnerischen Darstellungen und rechnerischen Ergebnisse des Objekts
- Übergabe des Objekts
- Auflisten der Verjährungsfristen für Mängelansprüche
- Überwachen der Beseitigung der bei der Abnahme festgestellten Mängel

Leistungsphase 9: Objektbetreuung und Dokumentation

- Fachliche Bewertung der innerhalb der Verjährungsfristen für Gewährleistungsansprüche festgestellten Mängel, längstens jedoch bis zum Ablauf von fünf Jahren seit Abnahme der Leistung, einschließlich notwendiger Begehungen
- Objektbegehung zur Mängelfeststellung vor Ablauf der Verjährungsfristen für Mängelansprüche gegenüber den ausführenden Unternehmen
- Mitwirken bei der Freigabe von Sicherheitsleistungen

An dieser detaillierten Liste der Aufgaben des Architekten in den insgesamt 9 Leistungsphasen können Sie bereits ersehen, wie umfangreich die durchzuführenden Arbeiten sind, die mit Planung und Errichtung einer Immobilie verbunden sind. Insbesondere sind Sie als Bauherr an der Abwicklung der Leistungsphasen beteiligt und müssen insofern auch mit erheblichem Zeitaufwand für sich selbst rechnen. Das wird von vielen Bauherren unterschätzt.

Die HOAI regelt darüber hinaus das Honorar des Architekten. Dabei kommen Honorartabellen zum Einsatz, die die Höhe des Honorars in Abhängigkeit von den Baukosten und von der Komplexität des Planungs- und Überwachungsaufwandes festlegen. Die Einzelheiten sind relativ kompliziert.

Eine abweichende Vereinbarung über das Architektenhonorar (etwa in Form einer Pauschalhonorarvereinbarung) gestaltet sich schwierig, da die Regeln der HOAI zwingend sind. Bei der Vergabe eines Auftrages an einen Architekten ist daher Vorsicht und Umsicht geboten.

c) Abschluss der Bauverträge

Wenn die Planungen der Immobilie (weitgehend) abgeschlossen und die günstigsten Anbieter für die Ausführung der Bauarbeiten nach Abschluss der Ausschreibung ermittelt sind, so steht mit Abschluss der Bauverträge eine ganz entscheidende Weichenstellung an.

Nach meiner auf praktische Erfahrungen gestützten Auffassung ist es **nicht** ratsam, erst dann einen Rechtsanwalt zu Rate zu ziehen, wenn Probleme aufgetreten sind, sondern bereits bei Abschluss des Vertrages, denn zu diesem Zeitpunkt kann noch Einfluss auf den Inhalt des Vertragstextes genommen werden. Ein sorgfältig ausgearbeiteter und durchdachter Bauvertrag mit dem Bauunternehmer ist für den Bauherrn die beste Absicherung seiner Rechte bei Auftreten von Problemen in der Bauausführungsphase.

Bei der Ausführung der Pläne und dem Bau der Immobilie kommen Bauunternehmen und Handwerker zum Einsatz. Der Bauherr muss sich entscheiden, wie er die Bauunternehmer einsetzt. Dabei ist eine Bandbreite von verschiedenen Vertragsmodellen möglich:

aa) Vergabe von Einzelgewerken

Eine Möglichkeit besteht in der Vergabe von Einzelgewerken an verschiedene Bauunternehmer und Handwerker. Der Bauherr schließt bei dieser Variante viele Einzelverträge mit Bauunternehmern und Handwerkern, die jeweils nur einen Teil der Bauleistungen erbringen. Diese Art der Einschaltung von Bauunternehmern erfordert eine sehr gute Planung und birgt die Gefahr in sich, dass bei Ausfall und oder Schlechtleistung eines Bauunternehmers oder Handwerkers die gesamte Zeitplanung und nachfolgende Arbeiten gestört werden. Sie stellt daher erhöhte Anforderungen an den Architekten des Bauherrn bei der Bauausführungsplanung und bei der Überwachung der Bauarbeiten.

Ein erheblicher Nachteil der Vergabe von Einzelgewerken besteht darin, dass eine mangelhafte Leistung eines Bauunternehmers oder Handwerkers auf die Leistung eines anderen Bauunternehmers durchschlagen kann, was zu sehr komplexen Rechtsstreitigkeiten führt, wenn die Verantwortungsbereiche nicht einwandfrei voneinander getrennt werden können. Wenn beispielsweise bei der Installation einer Fußbodenheizung ein Leck auftritt und der Estrichleger und der Heizungsmonteur sich gegenseitig die Schuld geben, so kann es für den Bauherrn sehr schwierig werden, die Verantwortlichkeiten zu klären und zu entscheiden, welchen der beiden Handwerker er auf Nachbesserung und ggf. Schadensersatz in Anspruch nehmen soll. Durch derartige Unsicherheiten und Streitigkeiten kann die gesamte Planung und Terminierung der nachfolgenden Bauarbeiten erheblich gestört werden.

Wenn hingegen die Bauunternehmerleistungen aus einer Hand kommen, so spielt die Abgrenzung der Bauleistungen und der Verantwortlichkeiten keine Rolle. Dazu verweise ich insoweit auf die folgenden Ausführungen zum Generalunternehmervertrag.

bb) Generalunternehmervertrag

Bei der Beauftragung eines Generalunternehmers mit dem Bau des Gebäudes entfällt die Vergabe von Einzelgewerken durch den Bauherrn, weil sämtliche Bauleistungen aus einer Hand geliefert werden. Darüber hinaus übernimmt der Generalunternehmer auch die Koordinierung der Bauleistungen und die Verantwortung für den Gesamterfolg und die Einhaltung von Terminen.

Generalunternehmer werden in der Regel erst nach Abschluss der Planungsphase und nach Vorliegen eines fertigen Konzeptes für das Bauwerk eingeschaltet, um die Ausführungsplanung und die Ausführung zu übernehmen. Möglich ist dabei auch die Vertragsvariante, dass die Ausführungsplanung und die Überwachung der Bauleistungen noch vom Architekten des Bauherrn geliefert werden und nur die blanken Bauleistungen vom Generalunternehmer erbracht werden. Der Vorteil des Generalunternehmervertrages gegenüber der Vergabe von Einzelgewerken besteht darin, dass das Risiko der Planung und Koordinierung der Ausführung der Bauleistungen vom Bauherrn auf den Generalunternehmer abgewälzt wird. Der Nachteil besteht darin, dass die Herstellungskosten dadurch in der Regel steigen, weil der Generalunternehmer natürlich auch einen Gewinn einkalkuliert, der vom Bauherrn bezahlt werden muss.

Schließlich trägt der Bauherr das Risiko, dass er das Bauwerk in Eigenregie fertigstellen muss, wenn der Generalunternehmer vor der Fertigstellung des Bauwerkes in die Insolvenz geht. In einem solchen Fall treffen den Bauherrn in der Regel erheblich höhere Kosten als bei der Vergabe von Einzelgewerken von Anfang an.

cc) Preisgestaltungsmodelle

Schließlich stellt sich für den Bauherrn die wichtige Frage, wie er die Preisgestaltung bei der Ausführung des Bauvorhabens handhaben will. Diese Frage stellt sich sowohl bei der Vergabe von Einzelgewerken als auch bei der Vergabe der Bauleistungen an einen Generalunternehmer.

Stundenlohn und Materialvergütung

Zunächst gibt es die Möglichkeit, den Preis für die Bauleistungen an die tatsächlich erbrachten Arbeitsstunden und an den tatsächlichen Materialverbrauch zu koppeln. Diese Preisgestaltung hat jedoch für den Bauherrn erhebliche Nachteile, da er nicht einschätzen kann, wie viele Arbeitsstunden tatsächlich erforderlich werden. Darüber hinaus besteht die Gefahr, dass für den Bauunternehmer Fehlanreize geschaffen werden, die Arbeiten nicht mit der gebotenen Zügigkeit durchzuführen.

Diese Preisgestaltungsvariante wird daher in der Praxis nur im Ausnahmefall gewählt und auch nur für einen überschaubaren Teilbereich der Arbeiten und niemals für die Errichtung des gesamten Bauwerkes.

Einheitspreisvereinbarung

Bei der Einheitspreisvereinbarung wird der Preis für die Bauleistungen aus den einzelnen Positionsbezeichnungen des Leistungsverzeichnisses und der erforderlichen Menge der einzelnen Leistungskomponenten ermittelt. Der Preis der gesamten Bauleistungen ergibt sich dabei aus der Summe der Kosten für die Positionen des Leistungsverzeichnisses.

Die Vergabe der Bauleistungen auf der Grundlage einer Einheitspreisvereinbarung ist daher erst dann möglich, wenn die erforderlichen Positionen des Leistungsverzeichnisses und die Mengen bekannt sind. Das ist erst nach Abschluss der Detailplanung des Bauvorhabens und damit erst in einer sehr späten Projektphase möglich. Der Bauherr trägt bei dieser Preisgestaltung das Risiko, dass das Leistungsverzeichnis nicht vollständig ist. Wenn sich später herausstellt, dass erforderliche Leistungen nicht im Leistungsverzeichnis aufgeführt sind, so fallen dafür Mehrkosten an, da diese zusätzlich beauftragt und vergütet werden müssen.

Darüber hinaus enthält das Leistungsverzeichnis in der Regel eine Annahme über die erforderliche Menge der jeweiligen Leistungspositionen (z.B. 30 Kubikmeter Stahlbeton). Wenn sich später herausstellt, dass diese Menge nicht ausreichend ist, so erhöhen sich auch insoweit die Kosten für den Bauherrn.

Globalpauschalvergütung mit Leistungsverzeichnis

Die Globalpauschalvergütung zeichnet sich dadurch aus, dass die zuvor bei der Einheitspreisvergütung verbleibenden Risiken für den Bauherrn ausgeschaltet werden. Der Bauherr schuldet demnach auch dann nur den vereinbarten Globalpauschalpreis, wenn sich herausstellt, dass das zugrunde gelegte Leistungsverzeichnis unvollständig ist oder die angenommenen Mengenangaben unzureichend sind.

Vorteil der Globalpauschalvergütung ist, dass der Bauherr gegen Zusatzkosten gefeit ist. Die Kehrseite der Medaille ist, dass der Bauherr die Verschiebung des Vollständigkeitsrisikos des Leistungsverzeichnisses sowie des Mengenkalkulationsrisikos auf den Bauunternehmer natürlich nur gegen Aufpreis erhält, da der Bauunternehmer dieses zusätzliche Risiko preislich in seiner Kalkulation adressieren muss.

dd) Einbeziehung der VOB/B

Über die oben dargestellten Punkte hinaus sind im Bauvertrag weitere Regelungen zu treffen. Der Bauvertrag ist im BGB nicht eigenständig geregelt, sondern stellt einen Unterfall des **Werkvertrages** dar, der in den §§ 631 ff. BGB gesetzlich geregelt ist. Da diese gesetzlichen Regelungen jedoch für alle Arten von Werkverträgen entwickelt wurden (z.B. auch für Verträge über eine Autoreparatur), enthalten sie nur allgemein gehaltene Regelungen, die den Anforderungen der Vertragsparteien bei der Errichtung einer Immobilie nicht gerecht werden. Vielmehr sind für einen derart komplexen Vertrag wie den Bauvertrag engmaschigere und genauere Regelungen erforderlich.

Vor diesem Hintergrund wurde die **Vergabe- und Vertragsordnung für Bauleistungen (VOB)** entwickelt. Sie gliedert sich in 3 Teile (A, B und C). Teil A befasst sich mit dem Vergabeprozess bei der öffentlichen Hand als Bauherr, Teil B mit allgemeinen Vertragsbedingungen und Teil C mit technischen Anforderungen.

Für den privaten Immobilieninvestor ist der Teil B (**VOB/B**) der wichtigste Teil, weil er ein Muster für die interessengerechte Festlegung der wechselseitigen Rechte und Pflichten der Parteien eines Bauvertrages enthält. Die VOB/B stellt kein Gesetz und auch keine Verordnung dar. Sie hat vielmehr Mustervertragscharakter. Da die Regelungen der VOB/B sich in der Praxis bewährt haben, finden sie nahezu flächendeckend auch bei Bauverträgen mit privaten Bauherren Anwendung.

Die VOB/B wird jedoch nicht automatisch Vertragsinhalt bei einem Bauvertrag, sondern sie muss von den Vertragsparteien durch Vereinbarung zur Vertragsgrundlage gemacht werden. Die Texte der VOB/B werden laufend überarbeitet. Die aktuelle Fassung datiert aus April 2016.[7] Ein Blick auf das Inhaltsverzeichnis der VOB/B zeigt die große Bandbreite der Regelungen:

- § 1 Art und Umfang der Leistung
- § 2 Vergütung
- § 3 Ausführungsunterlagen

---

[7] Den vollständigen Text können Sie auf der folgenden Internetseite kostenlos abrufen: https://goo.gl/gT8pZi

- § 4 Ausführung
- § 5 Ausführungsfristen
- § 6 Behinderung und Unterbrechung der Ausführung
- § 7 Verteilung der Gefahr
- § 8 Kündigung durch den Auftraggeber
- § 9 Kündigung durch den Auftragnehmer
- § 10 Haftung der Vertragsparteien
- § 11 Vertragsstrafe
- § 12 Abnahme
- § 13 Mängelansprüche
- § 14 Abrechnung
- § 15 Stundenlohnarbeiten
- § 16 Zahlung
- § 17 Sicherheitsleistung
- § 18 Streitigkeiten

Ein gewichtiger Vorteil der Einbeziehung der VOB/B in den Bauvertrag liegt darin, dass die Regeln ausgewogen und interessengerecht sind und damit nicht einseitig zu Lasten des Bauherren gehen. Wenn hingegen ein selbst erstellter Bauvertragsentwurf des Bauunternehmers statt der VOB/B verwendet wird, so besteht ein hohes Risiko, dass der Bauunternehmer zu Lasten des Bauherrn einseitig besser gestellt wird. Ein weiterer Vorteil der Einbeziehung der VOB/B in den Bauvertrag besteht darin, dass es aufgrund der großflächigen Verwendung des Vertragstextes im Markt zu den einzelnen Klauseln umfangreiche präzisierende Rechtsprechung gibt. Damit werden Unschärfen und Ungenauigkeiten vermieden, die bei selbst entworfenen Formulierungen natürlich leichter auftreten können.

Es ist auch möglich, die VOB/B zur Vertragsgrundlage zu machen und trotzdem einige Punkte ausdrücklich abweichend von der VOB/B zu regeln. Eine solche Vorgehensweise setzt jedoch eine genaue Kenntnis der Regelungen der VOB/B voraus und ist daher ohne Hilfe eines Rechtsanwaltes nur schwer umzusetzen. Aber auch bei Einbeziehung der VOB/B ohne abweichende Regelungen sollte der Bauherr den Inhalt der VOB/B kennen, da er nur so seine Rechte sichern kann.

Daher möchte ich Ihnen einige besonders wichtige Regelungen der VOB/B schlaglichtartig vorstellen:

Einseitige Anordnung von Zusatzleistungen durch Bauherrn

Im Laufe der Ausführung eines Bauvorhabens kommt es häufig vor, dass der Bauherr feststellt, dass seine Vorstellungen von den Bauleistungen nicht vollständig im Leistungsverzeichnis dargestellt sind, welches im Regelfall alleinige Grundlage der vom Bauunternehmer geschuldeten Leistungen ist. Nicht selten ist auch ein Sinneswandel des Bauherrn der Hintergrund. So etwa, wenn sich der Bauherr nach Baubeginn z.B. für einen hochwertigeren Natursteinfußboden entscheidet statt des vertraglich vereinbarten Fliesenfußbodens. Der Bauherr hat in diesen Fällen ein starkes Interesse, diesen zusätzlichen Leistungsumfang beim beauftragten Bauunternehmer abzurufen.

Ohne die Einbeziehung der VOB/B müsste für diesen zusätzlichen Leistungsumfang nach allgemeinen Rechtsregeln ein ergänzender Vertrag geschlossen werden, der nur dann zustande kommt, wenn beide Parteien sich einvernehmlich darauf einigen. Das würde den Bauherrn jedoch erpressbar machen hinsichtlich der Verhandlung des Preises für die Zusatzleistungen.

Bei Einbeziehung der VOB/B wird dieser Konflikt interessengerecht gelöst durch ein Recht des Bauherrn, eine Leistungserweiterung einseitig (d.h. auch ohne Einverständnis des Bauunternehmers) zu fordern.[8] Die dafür fällige Mehrvergütung wird nach den Regelungen der VOB/B aus den kalkulatorischen Ansätzen des (nicht erweiterten) Leistungsverzeichnisses abgeleitet.[9] So ist der Bauherr gegen willkürliche Preisforderungen des Bauunternehmers besser geschützt als bei einer Nachtragsvereinbarung nach den Regeln des BGB.

Rechte des Bauherrn bei Bauverzögerungen

Die VOB/B enthält detaillierte Regelungen zu den Rechten des Bauherrn bei Bauverzögerungen. Diese sind begrifflich dann gegeben, wenn vertraglich verbindlich festgelegte Fertigstellungsfristen vom Bauunternehmer nicht eingehalten werden. Schließlich kann sich aus einer Bauverzögerung ein Recht des Bauherrn zur Kündigung des Bauvertrages bereits in der Bauphase ergeben.[10] Eine Kündigung des Vertrages ist jedoch grundsätzlich erst nach fruchtlosem Verstreichen einer Nachfrist mit Kündi-

---

[8] Siehe § 1 VOB/B.
[9] Siehe § 2 VOB/B.
[10] Siehe § 8 Abs. 3 VOB/B.

gungsandrohung zulässig.[11] Nach der berechtigten Kündigung des Auftrags ist der Bauherr berechtigt, den noch nicht vollendeten Teil der Leistungen durch einen Dritten ausführen zu lassen und dem Bauunternehmer die Mehrkosten aufzuerlegen.

Bei Vereinbarung der VOB/B sind Regelungen für die Vereinbarung einer Vertragsstrafe optional vorgesehen.[12] Die Vertragsstrafe muss jedoch auf dieser Grundlage konkret vereinbart und insbesondere hinsichtlich der Höhe festgelegt werden. Sie ist nicht bereits in der VOB/B als Automatismus angelegt. Eine Vertragsstrafe fällt insbesondere bei einer Überschreitung von verbindlich vereinbarten Fertigstellungsfristen an, es sei denn, dass die Bauverzögerung vom Bauherrn zu verantworten ist. Die Vertragsstrafe stellt einen pauschalisierten Schadensatzanspruch des Bauherrn dar. Das hat für den Bauherrn den Vorteil, dass er den Eintritt eines Schadens durch die Verzögerung und die Höhe desselben nicht konkret nachweisen muss. Allerdings kann eine ausgelöste Vertragsstrafe wieder erlöschen, wenn der Bauherr versäumt, sich diese bei der Schlussabnahme der Bauarbeiten vorzubehalten.[13] Eine weitere positive Wirkung der Vereinbarung einer Vertragsstrafe ist, dass der Bauunternehmer dadurch zu vertragskonformem Verhalten motiviert wird.

---

[11] Siehe § 4 Abs. 7 und 8 und § 5 Abs. 4 VOB/B.
[12] Siehe § 11 VOB/B.
[13] Siehe § 11 Abs. 4 VOB/B.

Gewährleistungsansprüche des Bauherrn nach BGB

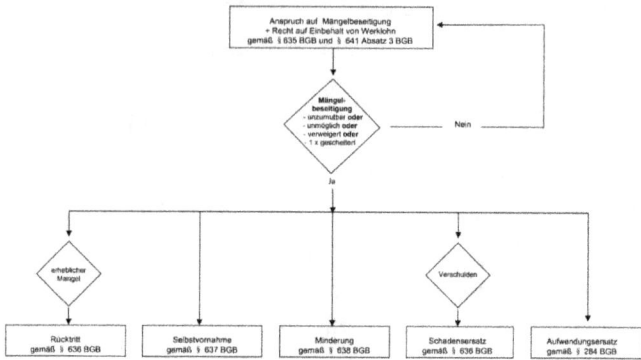

Rechte des Bauherrn wegen Baumängeln

Schließlich enthält die VOB/B detaillierte Regelungen zu Baumängeln und den sich daraus ergebenden Rechten des Bauherrn. Die gesetzlichen Gewährleistungsrechte werden durch die VOB/B etwas modifiziert. Die Kernvorschrift ist insoweit § 13 VOB/B. Die unterschiedlichen Regelungen können den beiden nachfolgenden schematischen Darstellungen entnommen werden. Die erste schematische Darstellung stellt die Rechte des Bauherrn nach dem BGB dar. Die zweite Darstellung stellt die modifizierten Rechte des Bauherrn nach der VOB/B dar.

Eine wichtige Besonderheit ist die Regelung der **Verjährung** der Baumängelgewährleistungsrechte, die in der VOB/B abweichend vom BGB geregelt ist. Während das BGB 5 Jahre Verjährungsfrist für Baumängel vorsieht, legt die VOB/B nur 4 Jahre fest.[14] In der Praxis wird daher bei Verwendung der VOB/B sehr häufig abweichend eine Verlängerung der Verjährungsfrist auf 5 Jahre vereinbart. Das ist dem Bauherrn unbedingt zu empfehlen.

---

[14] Siehe § 634a Abs. 1 Nr. 2 BGB und § 13 Absatz 4 VOB/B.

Gewährleistungsansprüche des Bauherrn nach VOB/B

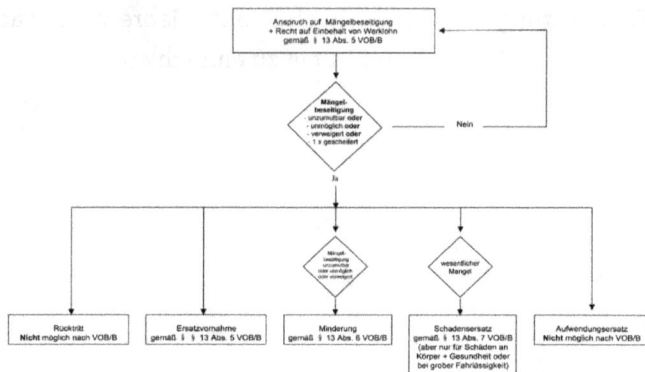

Fiktive Abnahme und Teilabnahme nach VOB/B

Eine weitere Besonderheit der VOB/B ist die Regelung einer fiktiven Abnahme,[15] wenn der Bauherr sich innerhalb von 12 Tagen nach der Fertigstellungsanzeige durch den Bauunternehmer nicht äußert.[16]

Darüber hinaus kann eine fiktive Abnahme durch widerspruchslose Ingebrauchnahme des Bauwerkes eintreten.[17] Diese Regelungen sind nicht ganz ungefährlich für den Bauherrn. Sie greifen jedoch dann nicht, wenn eine der Vertragsparteien auf eine förmliche Abnahme besteht. Es ist daher zu empfehlen, dass der Bauherr frühzeitig

---

[15] Zur Erklärung des Begriffes der Abnahme und zu den Rechtsfolgen der Abnahme wird auf die Ausführungen weiter unten verwiesen.

[16] Siehe § 12 Abs. 5 VOB/B.

[17] Siehe § 12 Abs. 5 VOB/B.

deutlich macht, dass er auf eine förmliche Abnahme besteht, so dass diese Fiktion nicht eintreten kann. Eine solche Regelung kann bereits im Vertragstext verankert werden, so dass hier für den Bauherrn keine unerwarteten Rechtsfolgen drohen.[18]

Eine weitere wichtige Baustelle ist die Regelung in der VOB/B, dass der Bauunternehmer Teilabnahmen verlangen kann.[19] Solche Teilabnahmen schwächen die Verhandlungsposition des Bauherrn und verkürzen darüber hinaus die Verjährungsfrist, da diese mit der Teilabnahme für den abgenommen Gebäudeteil bereits zu laufen beginnt. Daher ist zu empfehlen, auch insoweit eine Änderung der VOB/B vertraglich zu vereinbaren und Teilabnahmen auszuschließen.

d) Sicherung und Durchsetzung der Rechte des Bauherrn

Für den Bauherrn ist es wichtig, dass er seine Rechte kennt und über die Möglichkeiten der Durchsetzung informiert ist, um den Bauunternehmer bei Auftreten von Problemen zu vertragsgemäßem Verhalten und mangelfreien Bauarbeiten anhalten zu können. In der Praxis zeigt sich jedoch leider häufig eine taktische Überlegenheit des Bauunternehmers gegenüber dem privaten Bauherrn. Diese beruht darauf, dass der Bauunternehmer umfangreiche Praxiserfahrung hinsichtlich des Umgangs mit Problemen in der Bauphase hat, wohingegen der private Bauherr

---

[18] Siehe Bundesgerichtshof, Urteil vom 10.10.1996, abgedruckt in Neue Juristische Wochenschrift 1997, S. 394
[19] Siehe § 12 Abs. 2 VOB/B.

kaum auf Erfahrungswerte zurückgreifen kann. Umso wichtiger ist es, dass der Bauherr diese Unterlegenheit durch eine möglichst gute Kenntnis seiner Rechte auszugleichen vermag.

Die möglichen Problemfelder sind groß und in der Regel treten schnell komplexe rechtliche und bautechnische Fragen auf, die der Bauherr im Normalfall nicht allein beantworten kann. Die praktische Erfahrung zeigt, dass es ratsam ist, bei Auftreten von Problemen sofort einen Fachmann zu Rate zu ziehen. Wenn der Bauherr zunächst versucht, Konflikte mit dem Bauunternehmer im Alleingang auszutragen, macht er leider häufig Formfehler und versäumt Fristen, die am Ende des Tages zu einer erheblichen Schwächung seiner Rechtsposition und seiner Verhandlungsposition führen.

e) Schlussabnahme

Die Bauausführungsphase endet in der Regel mit der Schlussabnahme der Bauleistungen durch den Bauherrn. Die **Schlussabnahme** ist die rechtlich verbindliche Erklärung des Bauherrn, dass er das fertig gestellte Bauwerk als im Wesentlichen vertragsgerecht akzeptiert. Die Schlussabnahme ist deshalb so wichtig, weil diverse Rechtsfolgen an sie geknüpft sind:

- Anspruch des Bauunternehmers auf Werklohn wird fällig.[20]

---

[20] Bei Vereinbarung der VOB/B tritt jedoch die Fälligkeit nicht vor Erteilung einer prüffähigen Schlussrechnung und Ablauf einer Prüffrist von 2 Monaten ein, was sich aus § 16 Absatz 3

- Verjährungsfristen für Mängelgewährleistung beginnen zu laufen.

- Die Beweislast für Baumängel geht vom Bauunternehmer auf den Bauherrn über

- Rechte des Bauherrn wegen nicht ausdrücklich vorbehaltener Mängel oder Vertragsstrafen gehen unter.[21]

Der Bauherr muss sich auf einen Abnahmetermin gut vorbereiten. Er muss genau im Bilde sein, welche Mängel bestehen und welche Vertragsstrafen verwirkt sind, die er sich vorbehalten muss in der Abnahmeerklärung. Obwohl weder das BGB, noch die VOB/B eine förmliche Abnahme vorsehen, ist dringend zu empfehlen, eine förmliche Abnahme im Vertrag zu vereinbaren und insoweit die Regelungen des BGB und der VOB/B vertraglich abzuändern.

Eine förmliche Abnahme bedeutet dabei die gemeinsame Begehung des Gebäudes (in der Regel unter Zuziehung von Sachverständigen und Beratern auf Seiten des Bauherrn) und die Prüfung der einzelnen Gewerke durch beide Vertragsparteien. Dabei wird ein Protokoll über den Zustand und insbesondere etwaige Mängel erstellt bzw. festgestellt, dass ein bestimmtes Gewerk mangelfrei ist. Es ist ratsam, vor dem eigentlichen Abnahmetermin eine „Generalprobe" mit dem eigenen Architekten oder Bausachverständigen zu machen. So ist sichergestellt, dass

---

VOB/B ergibt. Abschlagszahlungen können bereits vor der Schlussabnahme für einzelne Bauabschnitte fällig werden, wenn das vereinbart worden ist.

[21] Eine Ausnahme hiervon bildet der Anspruch auf Schadensersatz gemäß § 640 Abs. 2 BGB.

man nichts übersieht und keine Überraschungen im Abnahmetermin erlebt, auf die man schnell reagieren muss.

4. ERWERB EINER IMMOBILIE IN DER ZWANGSVERSTEIGERUNG

Eine Besonderheit stellt der Erwerb einer Immobilie in der Zwangsversteigerung dar. Für einen Zwangsversteigerungstermin sollte man als Käufer gut vorbereitet sein und ein Grundverständnis vom Zwangsversteigerungsrecht und vom Ablauf eines Zwangsversteigerungsverfahrens haben. Es gehört auch eine gewisse Nervenstärke dazu, eine Immobilie in der Zwangsversteigerung zu kaufen, weil man in der Regel lückenhafte Informationen über die Immobilie hat und darüber hinaus im Versteigerungstermin sehr schnell auf bestimmte Verfahrensschritte reagieren muss, die nicht immer vorhersehbar sind.

Die Zwangsversteigerung stellt die Durchsetzung eines Zahlungsanspruchs von Gläubigern mit staatlichen Zwangsmitteln dar. Nach Abschluss der Zwangsversteigerung wird der Versteigerungserlös an die mit Grundschulden und Hypotheken gesicherten Gläubiger ausgekehrt. Ein weiterer Anlass für eine Zwangsversteigerung kann die Auseinandersetzung einer Eigentümergemeinschaft nach Bruchteilen sein.[22] Hintergrund ist dabei häufig eine Ehescheidung.

Das Verfahren der Zwangsversteigerung ist im **Gesetz über die Zwangsversteigerung und die Zwangsverwal-**

---

[22] Siehe § 180 ZVG.

tung (ZVG) geregelt und wird bei dem Amtsgericht als Vollstreckungsgericht durchgeführt, in dessen Bezirk die Immobilie liegt. Die Zuständigkeit für Zwangsversteigerungen kann aber auch bei einem Amtsgericht für die Bezirke mehrerer Amtsgerichte konzentriert sein. Die Zwangsversteigerung muss durch einen oder mehrere Gläubiger beim zuständigen Amtsgericht beantragt werden. Diese werden **betreibende Gläubiger** genannt und haben im Verfahren besondere Rechte. Häufig sind Banken die betreibenden Gläubiger, die eine durch Grundschuld abgesicherte Kreditforderung gegen den Grundstückseigentümer haben, die zwangsweise durchgesetzt werden soll. Die Anordnung der Zwangsversteigerung durch das Vollstreckungsgericht wird im Grundbuch in der Abteilung II des Grundbuchblattes vermerkt und ist damit offiziell im Grundbuch kenntlich gemacht.

Vor dem Versteigerungstermin muss das Vollstreckungsgericht den Verkehrswert des Versteigerungsobjektes ermitteln. Diese **Verkehrswertfeststellung** dient dazu, die Wertgrenzen für bestimmte Gläubiger- und Schuldnerschutzrechte im Versteigerungstermin bestimmen zu können. Zur Ermittlung des Verkehrswertes wird in der Regel durch das Gericht ein vereidigter Sachverständiger mit der Erstellung eines Verkehrswertgutachtens beauftragt. Dieses Verkehrswertgutachten wird dann den Verfahrensbeteiligten zugänglich gemacht. Nach Anhörung der Beteiligten setzt das Gericht auf der Grundlage dieses Gutachtens den Verkehrswert durch Beschluss fest. Nach Festsetzung eines ersten Versteigerungstermins durch das Gericht wird das Verkehrswertgutachten im Internet in einem Justizportal des Bundes und der Länder eingestellt und kann dort von Interessenten kostenlos heruntergeladen werden.[23]

Nach erfolgter Verkehrswertfestsetzung wird der **Versteigerungstermin** bestimmt. In der Regel vergehen zwischen Anordnung der Zwangsversteigerung und Bestimmung des Versteigerungstermins 9 bis 12 Monate. Der Versteigerungstermin wird durch Aushang im Amtsgericht und Veröffentlichung im Amtsblatt und seit einiger Zeit auch im Internet bekannt gemacht.[24]

a) Phasen des Versteigerungstermins

Bieter müssen sich im Versteigerungstermin durch einen gültigen Personalausweis oder Reisepass ausweisen. Soll für nicht im Versteigerungstermin anwesende Dritte geboten werden - dies gilt auch für den Ehegatten oder Lebenspartner -, muss eine öffentlich beglaubigte Bietervollmacht vorgelegt werden. Der eigentliche Versteigerungstermin gliedert sich in 3 Teile:

Bekanntmachungen (1. Teil)

Im ersten Teil des Versteigerungstermins verliest der Rechtspfleger die Grundbucheintragungen und bezeichnet die betreibenden Gläubiger. Dann wird das **Geringste Gebot** ermittelt und bekannt gegeben. Es umfasst die wegen vorrangiger Grundbucheintragungen bestehen bleibenden Rechte.[25] Diese bestehen bleibenden Rechte sind für Bie-

---

[23] Siehe http://www.zvg-portal.de
[24] Siehe http://www.zvg-portal.de
[25] Siehe § 44 ff. ZVG.

ter von besonderer Bedeutung und sollten möglichst im Vorfeld bereits in Erfahrung gebracht und in die Überlegungen einbezogen werden.[26]

Versteigerungszeit (2. Teil)

Die eigentliche Versteigerung, d.h. die Zeitspanne in der Gebote abgegeben werden können, schließt sich an den Bekanntmachungsteil an. Das Gesetz schreibt eine Mindestdauer der eigentlichen Versteigerung von 30 Minuten vor. Eine Höchstdauer gibt es hingegen nicht. Die Versteigerung dauert so lange an, bis der Rechtspfleger das Ende der Versteigerung verkündet, was in der Regel dann erfolgt, wenn nach dreimaligem Aufruf des letzten Gebots durch den Rechtspfleger keine weiteren Gebote abgegeben werden oder wenn nach 30 Minuten kein Gebot abgegeben worden ist. Das höchste im Termin abgegebene Gebot heißt **Meistgebot.**

Der Bieter nennt im Termin ein bestimmtes Gebot, also den Geldbetrag, den er als so genanntes **Bargebot** zu zahlen bereit ist. Jeder Bieter muss zu diesem Bargebot jedoch noch die bestehen bleibenden Rechte hinzurechnen, um den eigentlichen Preis zu ermitteln, den er für das Grundstück bietet.

Auf Verlangen eines Beteiligten muss der Bieter unmittelbar nach Abgabe des Gebots unter bestimmten Voraussetzungen eine Sicherheitsleistung erbringen in Höhe von 10% des festgesetzten Verkehrswertes der Immobilie. Diese Sicherheit kann durch einen von der Bundesbank bestätigten Scheck, einen Verrechnungsscheck, der von

---

[26] Siehe § 52 ZVG.

einem dazu zugelassenen Kreditinstitut ausgestellt ist, durch die Bürgschaftserklärung eines solchen Kreditinstitutes oder durch vorherige Überweisung an die Gerichtskasse geleistet werden.

Seit dem 16.02.2007 ist es **nicht** mehr möglich, Sicherheit durch Übergabe von Bargeld im Termin zu leisten. Wenn der Bieter die Sicherheit nicht mit einem qualifizierten Scheck im Termin leisten kann, muss er dies vorher durch Überweisung an die Justizkasse des Vollstreckungsgerichtes tun und darüber Belege zum Termin mitbringen. Wird dem jeweiligen Bieter der Zuschlag nicht erteilt, so erhält er die Sicherheit unmittelbar nach dem Versteigerungstermin vom Gericht zurück.

Entscheidung über den Zuschlag (3. Teil)

Im Anschluss an die Versteigerungszeit befragt der Rechtspfleger als Vertreter des Vollstreckungsgerichtes die im Termin anwesenden Beteiligten, ob Anträge gestellt werden. Der Schuldner könnte auch zu diesem Zeitpunkt noch einen Vollstreckungsschutzantrag nach § 765a ZPO stellen, wird dies jedoch in der Regel im Vorfeld getan haben oder im Termin gar nicht anwesend sein. Ist im Versteigerungstermin kein wirksames Gebot abgegeben worden, stellt das Gericht das Verfahren von Amts wegen ein. Die betreibenden Gläubiger haben dann die Möglichkeit, die Fortsetzung des Verfahrens zu beantragen.

Sind wirksame Gebote abgegeben worden, dann entscheidet das Vollstreckungsgericht über die Erteilung des Zuschlages. Dabei muss das Gericht sowohl Gläubiger- als auch Schuldnerinteressen berücksichtigen. Liegt das beste im Termin abgegebene Gebot unterhalb von 7/10 des Verkehrswertes, muss der Zuschlag auf Antrag des Schuldners oder eines betreibenden Gläubigers, dessen Anspruch innerhalb dieser 7/10-Grenze liegt, versagt werden.[27] Liegt das Meistgebot unterhalb von 5/10 des Verkehrswertes, so ist der Zuschlag von Amts wegen zu versagen.[28] In beiden Fällen ist ein neuer Versteigerungstermin zu bestimmen, in dem diese Grenzen dann nicht mehr gelten. Wenn im Versteigerungstermin kein Gebot abgegeben wurde, bleiben diese Wertgrenzen auch im Folgetermin bestehen.

Der Meistbietende, dem schließlich durch Entscheidung des Vollstreckungsgerichtes der Zuschlag erteilt worden ist, heißt **Ersteher.** Wird der Zuschlag erteilt, ist der Ersteher ab Verkündung der Zuschlagserteilung Eigentümer des Grundstücks.[29] Dies ist eine Ausnahme von dem Grundsatz, dass ein Eigentümerwechsel erst mit einer Eintragung des neuen Eigentümers im Grundbuch eintritt. Nach Verkündung des Zuschlages sind von dem Ersteher die Gerichtskosten für die Erteilung des Zuschlags sowie die für seine Eintragung im Grundbuch fälligen Gerichtskosten und schließlich auch Grunderwerbsteuern zu zahlen.[30] Der Zuschlagsbeschluss ist für den Ersteher ein Vollstreckungstitel zur Durchsetzung seines Rechtes auf die Besitzergreifung.

---

[27] Siehe § 74a Absatz 1 ZVG.

[28] Siehe § 85a Absatz 1 ZVG.

[29] Siehe § 90 ZVG.

[30] Die Höhe dieser Kosten können Sie einem Informationsblatt entnehmen, das auf der Internetseite der Justiz in Nordrhein-Westfalen unter folgendem Link bereitgehalten wird:
https://goo.gl/EhNLHZ

b) Inhalt & Bedeutung des Zuschlagsbeschlusses

Beim Erwerb in der Zwangsversteigerung gibt es einige Besonderheiten, die der Immobilieninteressent kennen und in seine Entscheidung einbeziehen muss.

Mietverträge über die Immobilie gehen gemäß §§ 57, 57a ZVG in Verbindung mit § 566 BGB auf den Ersteher über, können jedoch in aller Regel aufgrund eines Sonderkündigungsrechtes gemäß § 57a ZVG gekündigt werden.[31]

Eine Besichtigung des Versteigerungsobjektes wird vom Gericht **nicht** vermittelt. Es besteht auch (leider) kein Anspruch des Interessenten auf Besichtigung der Immobilie. Daher stellt es eher die Regel als die Ausnahme dar, dass der Bieter eine Immobilie in der Zwangsversteigerung kauft, ohne diese von innen gesehen zu haben. Meist ist der Bieter auf die wenigen Fotos im Verkehrswertgutachten angewiesen, das für das Zwangsversteigerungsverfahren erstellt wurde.

Die schlechte Informationslage des Bieters stellt insbesondere deshalb ein erhebliches Risiko dar, weil der Erwerb in der Zwangsversteigerung unter Ausschluss jeglicher Gewährleistung für Sach- und Rechtsmängel erfolgt.[32] Für den Ersteher eines Grundstückes können schließlich noch erhebliche Kosten für die Räumung des

---

[31] Aber bitte beachten Sie, dass die Kündigung allein zu dem Zweck der Mieterhöhung unzulässig ist. Das Gesetz bezweckt vielmehr eine Abwehrmöglichkeit gegen missbräuchliche Gestaltungen des Vollstreckungsschuldners, die Verwertung unattraktiv zu machen durch boshaft ungünstige Vereinbarungen mit den Mietern, die dem Erwerber sonst „auf die Füße fallen" würden.

[32] Siehe § 56 ZVG.

Grundstückes entstehen, wenn der alte Eigentümer oder ein Mieter die Immobilie noch bewohnt und diese nicht freiwillig räumt.

All diese Unwägbarkeiten müssen bei der Entscheidung über den Kauf in der Zwangsversteigerung und bei Abgabe eines Gebotes eingepreist werden. Ob man als Ersteher wirklich ein Schnäppchen gemacht hat, wird man erst am Ende des Tages nach Inbesitznahme der Immobilie ersehen können.

5. DAS TIMING FÜR DEN ABSCHLUSS VON DARLEHENSVERTRAG & KAUFVERTRAG

Sie haben sich vielleicht schon gefragt, wann denn endlich ein Darlehensvertrag geschlossen wird, um den Erwerb der Immobilie unter Dach und Fach bringen zu können. Denn es wäre ja misslich, wenn man einen Kaufvertrag unterschreibt und noch keine Zusage von der Bank für eine Darlehensfinanzierung hat.

Hinsichtlich des zeitlichen Ablaufes der Durchführung des Immobilienkaufes sollten Sie darauf achten, dass Sie den Darlehensvertrag nicht unterschreiben, bevor Sie den notariellen Immobilienkaufvertrag unterschrieben haben. Wenn Sie diese Reihenfolge nicht einhalten, laufen Sie Gefahr, beim Scheitern des notariellen Kaufvertrages über die Immobilie zusätzlichen Schaden zu erleiden in Form einer Nichtabnahmeentschädigung für das Darlehen. Es kommt in der Praxis häufiger vor als man meinen sollte, dass ein Verkäufer vor einem Notartermin einen Sinneswandel erfährt und den Vertrag nicht unterschreibt. Da der Vertrag jedoch zwingend der notariellen Beurkundung bedarf und ohne diese Form unwirksam ist, ist der Kauf in diesem Falle ohne Einflussmöglichkeiten des Käufers gescheitert.

Andererseits sollten Sie bei Unterzeichnung des notariellen Kaufvertrages über die Immobilie den Darlehensvertrag mit der Bank endverhandelt haben, so dass Sie bei der Beschaffung des Darlehens und beim Vollzug des Kaufvertrages nicht unter Zeitdruck geraten. Sie werden daher bei der praktischen Abwicklung der Transaktion den Kaufvertrag über die Immobilie und den Kreditvertrag mit der Bank für die Finanzierung parallel verhandeln müssen. Im Idealfall liegt Ihnen ein verbindliches Angebot der Bank unterschriftsreif vor, wenn Sie beim Notar den Kaufvertrag unterschreiben, so dass Sie umgehend nach dem Notartermin die Finanzierung „scharf" schalten können durch Unterzeichnung des Darlehensvertrages. Diese Reihenfolge der Unterzeichnung der Verträge ist in der praktischen Abwicklung auch kein Problem, weil die Finanzierung ohnehin nicht **vor** der Bestellung der Grundschuld für die Bank abrufbar ist. Die Grundschuldbestellung ist jedoch erst möglich, wenn der notarielle Kaufvertrag geschlossen ist, in dem eine Vollmacht für den Käufer enthalten ist, das Grundstück bereits vor Erwerb des Eigentums mit einem Grundpfandrecht zu belasten. Das heißt, dass ein Abruf des Darlehens ohne wirksamen Kaufvertrag über die Immobilie ohnehin nicht möglich ist.

6. ABSCHLUSS VON MIETVERTRÄGEN[33]

Vor dem Hintergrund des am 01.06.2015 in Kraft getretenen „Bestellerprinzipes" für Maklerleistungen bei der Vermietung von Wohnraum gibt es nun einen weiteren guten Grund für Vermieter, die Vermietung selbst in die Hand zu nehmen und diese nicht auf einen Makler zu übertragen. Denn nach der nun geltenden Rechtslage können die Maklerkosten im Normalfall nicht mehr auf den Mieter abgewälzt werden. Da kann man als Vermieter in der Regel 2 Monatskaltmieten Provision sparen. Es ist übrigens nicht ausgeschlossen, dass der Makler im Einzelfall sogar eine höhere Provision fordert, weil die Deckelung auf 2 Monatskaltmieten nach dem Wohnungsvermittlungsgesetz nur für den Wohnungssuchenden und **nicht** für den Vermieter gilt.

a) Kriterien für die Mieterauswahl

Abgesehen von dem Kostenargument gibt es weitere gute Gründe, die Auswahl von Mietern selbst vorzunehmen. Da Sie als Vermieter am Ende des Tages die Konsequenzen der Auswahl ohnehin allein tragen müssen, werden Sie selbst in jedem Falle motivierter sein als ein Mak-

---

[33] Zur Vertiefung verweise ich in diesem Zusammenhang auf mein weiteres Buch mit dem Titel „**Vermietung & Mieterhöhung – Wegweiser zu Ihrem Erfolg**". Das Buch enthält zahlreiche Mustertexte und Musterschreiben und einen anwaltsgeprüften Mustermietvertrag, den Sie als Datei per E-Mail anfordern können. Sie finden das Buch auf der folgenden Internetseite: http://amzn.to/22FlloI

ler, den richtigen Mieter auszuwählen. Die Auswahl eines schlechten Mieters kann nicht nur zu Mietausfällen führen, sondern darüber hinaus zu einem überdurchschnittlichen Verschleiß der Immobilie und am Ende des Tages sogar noch zu erheblichen Rechtsanwalts- und Gerichtskosten, wenn es zu Konflikten kommt. Wie aber wählt man den richtigen Mieter aus und worauf ist zu achten? Es empfiehlt sich, für die Ermittlung der relevanten Informationen auf ein Formular zurückzugreifen, das der Mietinteressent vor oder bei einem Besichtigungstermin auszufüllen hat. Ein entsprechendes Formular finden Sie in meinem weiteren Buch „**Vermietung & Mieterhöhung – Wegweiser zu Ihrem Erfolg**".[34]

Zunächst einmal sollte der Mieter natürlich über hinreichende Finanzkraft verfügen, um die Miete aus seinem laufenden Einkommen bestreiten zu können. Sie sollten daher keine Hemmungen haben, sich Einkommensnachweise (in der Regel Gehaltsabrechnungen) vorlegen zu lassen. Darüber hinaus kann eine SCHUFA – Auskunft sinnvoll sein, um die Zahlungsmoral der Mietinteressenten zu überprüfen. Der Einfachheit halber können Sie potentielle Mieter auffordern, eine SCHUFA-Selbstauskunft einzuholen und Ihnen diese vorzulegen. In der SCHUFA-Auskunft wird eine Wahrscheinlichkeit in Form eines Prozentwertes angegeben, dass jemand seine Schulden

---

[34] Das Buch enthält neben einem Formular für eine Mieterselbstauskunft zahlreiche weitere Mustertexte und Musterschreiben und einen anwaltsgeprüften Mustermietvertrag. Alle Dokumente können Sie zudem als Datei per E-Mail anfordern, um diese am Computer zu bearbeiten und auszudrucken. Sie finden das Buch auf der folgenden Internetseite: http://amzn.to/22FlloI

bezahlt. Je näher der Wert an 100% liegt, desto geringer das Ausfallrisiko. Allerdings sollten Sie sich nicht blind auf eine SCHUFA – Auskunft verlassen, weil das Datenmaterial der SCHUFA sehr lückenhaft sein kann. Denn es gibt keine Verpflichtung von Gläubigern, Zahlungsausfälle an die SCHUFA zu melden. Das heißt, dass der Umstand, dass in der SCHUFA – Kartei keine „Sünden" vermerkt sind und ein hoher Bonitätswert ermittelt ist, noch nicht die Schlussfolgerung zulässt, dass die Zahlungsmoral des Mietinteressenten tatsächlich gut ist. Zahlreiche negative Einträge und ein niedriger Bonitätswert hingegen lassen durchaus die Schlussfolgerung zu, dass die Zahlungsmoral schlecht ist. Eine schlechte Zahlungsmoral kann auf fehlender Finanzkraft, aber auch auf charakterlichen Mängeln des Mietinteressenten beruhen. In beiden Fällen ist für einen Vermieter Vorsicht geboten.

Darüber hinaus sollten Sie sich auch ein Bild vom beruflichen und familiären Hintergrund des Interessenten machen. Diese Umstände runden das gesamte Bild ab und lassen mitunter eine Einschätzung darüber zu, mit was für Menschen Sie es zu tun haben. Denn es geht bei einem Mietverhältnis nicht nur um die pünktliche Bezahlung der Miete. Wenn Sie schwierige Mieter ins Haus holen, die den Hausfrieden stören und die Wohnung verwahrlosen lassen, dann kann das auch unangenehm und teuer werden. Insbesondere besteht bei Mietern mit einer schwierigen Persönlichkeit die Gefahr, dass diese viel Lärm machen und andere Mieter dadurch veranlassen, die Miete zu mindern. Es ist also nicht nur blanker Neugier geschuldet, sich ein möglichst vollständiges Bild vom potentiellen

Mieter zu machen. Es ist schlicht und einfach ein Gebot der wirtschaftlichen Vernunft.

Schließlich hat es sich bewährt, Auskünfte über das vorherige Mietverhältnis einzuholen (Länge des Mietverhältnisses, Mietrückstände, Umstände der Beendigung etc.). Dazu kann es hilfreich sein, sich eine schriftliche Erklärung des ehemaligen Vermieters vorlegen zu lassen, dass es während der Mietzeit keine Zahlungsrückstände gegeben hat. Mindestens aber sollten Sie sich die Kontaktdaten des vorherigen Vermieters geben lassen, um diesen telefonisch kontaktieren zu können. Ein Telefongespräch mit diesem kann eine außerordentlich ergiebige Informationsquelle sein. Es geht schließlich um den Schutz Ihres Eigentums und Ihrer Einnahmequellen. Daher sollten Sie keine Bedenken haben, auch diese Informationsquelle auszuwerten. Wenn der Mietinteressent in dieser Hinsicht mauert und keine Informationen geben will, dann ist auch dieser Umstand eine Information. Wer die Herausgabe von Informationen verweigert, die ein Vermieter nachvollziehbarerweise verlangt, disqualifiziert sich und nährt den Verdacht, dass er etwas zu verbergen hat. Es versteht sich von selbst, dass Sie mit einem solchen Mietinteressenten besser keinen Mietvertrag abschließen.

Sowohl bei der Formulierung einer Anzeige in Printmedien oder im Internet als auch beim Besichtigungstermin oder bei Gesprächen sollten Sie sich möglichst bedeckt halten, was die Auswahlkriterien des Mieters angeht. Der rechtliche Hintergrund dieser Empfehlung ist das Allgemeine Gleichbehandlungsgesetz (AGG), das eine

Auswahl des Mieters auf der Grundlage von diskriminierenden Kriterien (z.B. Rasse oder ethnische Herkunft) mit Schadensersatzansprüchen des abgelehnten Mietinteressenten sanktioniert. Aus dem gleichen Grund sollten Sie sich auch bei der Begründung von Absagen an Mietinteressenten bedeckt halten und möglichst wenig mitteilen.

b) Flächenaufmaß bei Neuvermietung

Immer wieder kommt es zum Streit über **Flächengrößenangaben im Mietvertrag**, die von der tatsächlichen Wohnfläche abweichen. Durch die Rechtsprechung ist anerkannt, dass nur eine Unterschreitung der angegebenen Fläche um mindestens 10% zu einer Mietminderung berechtigt.[35] Darüber hinaus ist anerkannt, dass eine Flächenabweichung auch nur dann einen Mangel darstellt, wenn die Flächenangabe im Mietvertrag verbindlich ausgestaltet worden ist. Das ist nicht der Fall, wenn die Flächenangabe mit der Einschränkung versehen ist, dass sie nicht zur Festlegung des Mietgegenstandes diene und auch nicht zugesichert wird.[36] Eine ganz aktuelle Entscheidung des Bundesgerichtshofes vom 18.11.2015 lässt allerdings Zweifel aufkommen, ob diese Rechtsprechung noch Bestand hat.

In dieser neuen Entscheidung hat das Gericht unter ausdrücklicher Abkehr von der bisherigen Rechtsprechung entschieden, dass für die Beurteilung eines Mieter-

---

[35] Bundesgerichtshof, Urteil v. 10.03.2010, Az VIII ZR 144/09 und – abrufbar auf www.bundesgerichtshof.de
[36] Bundesgerichtshof Urteil v. 10.11.2010, Az. VIII ZR 306/09 - abrufbar auf www.bundesgerichtshof.de

höhungsverlangens die tatsächliche Wohnfläche ent-
scheidend ist und nicht die im Mietvertrag angegebene
Wohnfläche.[37] Das gilt nach den Ausführungen des Ge-
richtes auch für Flächenabweichungen unterhalb von 10%
von den Angaben des Mietvertrages. Vor diesem Hintergrund kann man nur empfehlen, die Angabe der Wohnfläche im Mietvertrag über eine ca.-Angabe hinaus mit
weiteren Einschränkungen zu versehen und möglichst
unverbindlich auszugestalten. Eine solche Einschränkung
ist geeignet, eine Mietminderung durch den Mieter abzu-
wehren.

Es bleibt jedoch das praktische Anwendungsproblem
bei Mieterhöhungen, dass diese nur auf die tatsächliche
Flächengröße abstellen dürfen. Daher ist zu empfehlen,
vor der Neuvermietung ein Flächenaufmaß durch einen
anerkannten Fachmann durchführen zu lassen.[38] Dann ist
auch dieses Problem wirksam eliminiert.

---

[37] Bundesgerichtshof Urteil v. 18.11.2015, Az. VIII ZR 266/14 - abrufbar auf www.bundesgerichtshof.de
[38] Ich verweise dazu auf meine Pressemitteilung vom 20.11.2015 –
abrufbar unter http://goo.gl/ccD8X5

II. GRUNDLAGEN DES IMMOBILIENRECHTES

Beim Erwerb einer Renditeimmobilie kommen Sie leider nicht um rechtliche Fragen herum, die in ihrer Komplexität zunächst bedrohlich wirken können. Ich möchte Ihnen in den folgenden Ausführungen die Grundzüge der praxisrelevanten Vorschriften vorstellen. So erlangen Sie zumindest ein überschlägiges Verständnis und erkennen, worauf Sie achten müssen.[39]

In Deutschland ist das Immobilienrecht in zwei große Bereiche aufgeteilt:

Der erste Bereich ist das **Öffentliche Baurecht.** Er regelt, welche Bauvorhaben grundsätzlich auf bestimmten Grundstücken realisiert werden dürfen (**öffentliches Bauplanungsrecht**) und welche sicherheitsrelevanten Anforderungen (z.B. Brandschutz) einzuhalten sind und schließlich das Verfahrensrecht (**öffentliches Bauordnungsrecht**). Dazu gehören als wichtige Rechtsquellen das Baugesetzbuch (BauGB), die Baunutzungsverordnung (BauNVO) und die jeweilige Landesbauordnung des Bun-

---

[39] Die nachfolgenden Ausführungen in diesem Kapitel sind angelehnt an die Buchpublikation von Rechtsanwalt Rennert aus Düsseldorf. An dieser Stelle herzlichen Dank an den Kollegen für die freundliche Erlaubnis, mich an diese anzulehnen.

deslandes. Die Einzelheiten finden Sie weiter unten im Abschnitt 1. dargestellt.

Der zweite Bereich ist das **Zivilrecht**. Es regelt z.B. das Vertragsrecht für Kaufverträge über Immobilien und Bauverträge mit Bauunternehmen. Dazu gehören als wichtige Rechtsquellen das Bürgerliche Gesetzbuch (BGB), die Grundbuchordnung (GBO) und das Wohnungseigentumsgesetz (WEG). Die Einzelheiten finden Sie weiter unten im Abschnitt 2. dargestellt.

1. ÖFFENTLICHES BAUPLANUNGSRECHT UND BAUORDNUNGSRECHT

Bei der Realisierung einer Immobilienerrichtung ist der Grundstückseigentümer nicht völlig frei, sondern er muss sich bei der Planung und Gestaltung an einen vorgegebenen rechtlichen Rahmen halten. Dieser Rahmen ist im Bauplanungsrecht geregelt.

Das Bauplanungsrecht, das im Wesentlichen im **Baugesetzbuch (BauGB)** und in der **Baunutzungsverordnung (BauNVO)** geregelt ist, beschäftigt sich damit, wo und was gebaut werden darf.

Das Bauordnungsrecht behandelt die Sicherheit und Ordnung des Baues, z. B. Statik, Brandschutz, Abstandsflächen usw. und klärt, wann und wie gebaut werden darf. Der rechtliche Rahmen des Bauordnungsrechtes ist z.B. in Nordrhein-Westfalen in der **Bauordnung für das Land Nordrhein-Westfalen (BauO NRW)** geregelt. Da es sich hierbei um landesrechtliche Vorschriften handelt, gibt es in jedem Bundesland eine eigene Bauordnung. In der Bauordnung wird u. a. die Zuständigkeit der Bauaufsichtsbehörden für die Erteilung von Baugenehmigungen behandelt. Als Voraussetzung für die Erteilung einer Baugenehmigung ist sowohl die Übereinstimmung des Bauvorhabens mit dem Bauplanungsrecht als auch mit dem Bauordnungsrecht erforderlich.

a) Bauplanungsrecht

Ausgangspunkt des Bauplanungsrechts ist zunächst die Bauleitplanung. Sie kennt zwei Stufen: Die vorbereitende Bauleitplanung, die im **Flächennutzungsplan** dargestellt wird und die auf der Grundlage des Flächennutzungsplans entwickelte Bauleitplanung, die sich in den **Bebauungsplänen** niederschlägt. Erst die Bebauungspläne enthalten konkrete Festlegungen für ein abgegrenztes Gebiet der Gemeinde, welche Flächen wie bebaut werden dürfen. Der Bebauungsplan ist auf der Grundlage des Flächennutzungsplanes entwickelt und darf mit diesem nicht in Widerspruch stehen.

Die Planungshoheit sowohl für die Flächennutzungspläne als auch für die Bebauungspläne liegt bei der Stadt bzw. Gemeinde. Der Stadtrat oder Gemeinderat als gesetzgebendes Organ für lokale Regelungen ist zuständig für die Verabschiedung der Flächennutzungs- und Bebauungspläne.

Der **Flächennutzungsplan** umfasst das gesamte Stadtgebiet und ordnet den voraussehbaren Flächenbedarf für die einzelnen Nutzungsmöglichkeiten, wie z. B. für Wohnen, Arbeiten, Verkehr, Erholung, Landwirtschaft und

Gemeinbedarf. Aus dem Flächennutzungsplan entsteht noch kein Anspruch des Bürgers auf die ausgewiesene Nutzung. Der Flächennutzungsplan ist jedoch nach seinem Inhalt bindend für die nachfolgenden Bebauungspläne.

Die Aufstellung eines **Bebauungsplanes** beschließt der Rat der Stadt, sobald und soweit es für die städtebauliche Entwicklung und Ordnung erforderlich ist. Der Bebauungsplan kann von jedermann ohne Nachweis eines berechtigten Interesses beim Bauaufsichtsamt der Stadt eingesehen werden.

Die Darstellung der planerischen Vorgaben im Bebauungsplan ist stark standardisiert. Gleichwohl ist ein Grundverständnis der Darstellungstechnik erforderlich, um den Bebauungsplan richtig lesen und verstehen zu können. Aus diesem Grund finden Sie nachfolgend einen beispielhaften Auszug aus einem fiktiven Bebauungsplan. Die einzelnen Festlegungen des beispielhaften Auszuges werden im Text zu den einzelnen Nummern erklärt.

Beispiel für Festlegungen in einem Bebauungsplan:

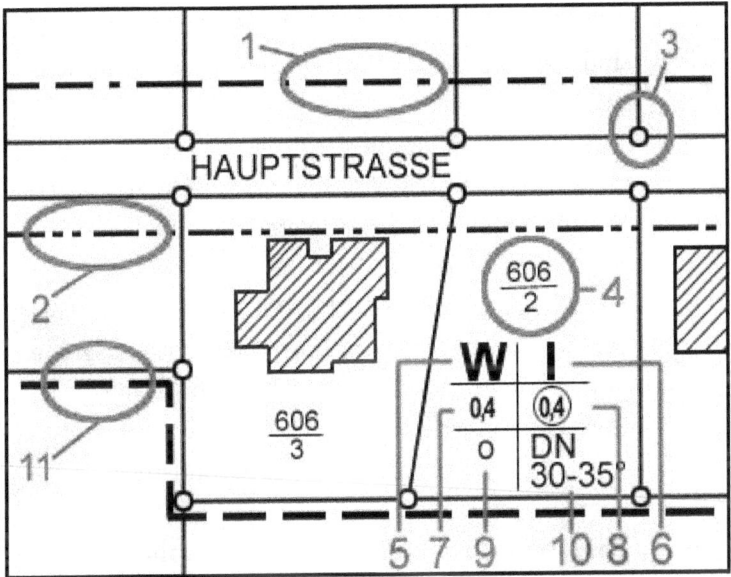

Erklärungen:

1. **Baugrenze:** Das zu erstellende Gebäude darf die Baugrenze nicht überschreiten.

2. **Baulinien:** Eine Seite des Gebäudes muss auf der Baulinie errichtet werden.

3. **Grundstücksgrenze:** Diese Linie zeigt die Aufteilung der Grundstücke, die durch Grenzsteine auf den Grundstücken markiert wird.

4. **Flurstücksnummer:** Sie ist die katasteramtliche Bezeichnung des Grundstücks.

5. **Art der baulichen Nutzung:** Hier wird festgelegt, dass in diesem Baugebiet ausschließlich Bauflächen für Wohnbebauung (W) ausgewiesen werden. Bei gewerblichen Bauflächen wäre hier die Kennzeich-

nung (G) zu sehen, bei Mischgebieten mit Wohn- und Gewerbeflächen hingegen wäre die Kennzeichnung (M) vermerkt.

6.   **Anzahl der Vollgeschosse:** Mit der hier vermerkten römischen Zahl wird die Anzahl der zulässigen Vollgeschosse und damit letztendlich auch die Gebäudehöhe festgelegt.

7.   **Grundflächenzahl (GRZ):** Diese Zahl legt das prozentuale Verhältnis zwischen Grundstücksgröße und der maximal überbaubaren Grundfläche fest. Eine Grundflächenzahl von 0,4 bedeutet zum Beispiel, dass maximal 40 % der Grundstücksfläche überbaut werden dürfen.

8.   **Geschoßflächenzahl (GFZ):** Diese Zahl legt das prozentuale Verhältnis zwischen Grundstücksgröße und der maximalen Quadratmeterfläche der Vollgeschosse fest. Bei einer GFZ von 0,5 darf die Fläche aller Vollgeschosse zum Beispiel maximal 50 % der Grundstücksfläche betragen.

9.   **Bauweise:** Man unterscheidet zwischen offener Bauweise (o) und geschlossener Bauweise (g). Bei offener Bauweise dürfen Einfamilienhäuser freistehend errichtet werden. Doppelhäuser oder Häuserreihen dürfen eine Gesamtlänge von 50 m nicht überschreiten. Bei geschlossener Bauweise müssen sich die seitlichen Außenwände von nebeneinander stehenden Häusern auf der Grundstücksgrenze berühren.

10.   **Dachneigung:** Die vorgeschriebene Dachneigung kann aus der Planzeichnung oder den textlichen

Festsetzungen ersehen werden. Hier ist eine Dachneigung zwischen 30 und 35 Grad vorgeschrieben.

11. **Grenze des Bebauungsplans:** Bis zu diesen Linien beziehungsweise innerhalb dieser Linie gelten die Vorschriften des jeweiligen Bebauungsplans.

Wenn Sie sich einmal die Mühe gemacht haben, die standardisierte Darstellungstechnik von Bebauungsplänen nachzuvollziehen, dann werden Sie mühelos in der Lage sein, diese richtig zu lesen und zu verstehen. Eine umfassende Legende aller Darstellungszeichen für Bebauungspläne finden Sie in der Planzeichenverordnung.[40] Der Bebauungsplan ist eine sehr interessante Informationsquelle, aus der Sie sowohl Erkenntnisse über die Bebaubarkeit des konkreten Grundstückes ableiten können als auch Informationen über das Umfeld der Immobilie und den Charakter des Stadtviertels.

Eine besondere Bedeutung kommt bei den inhaltlichen Regelungen des Bebauungsplanes der Grundflächenzahl (Nr. 7 im obigen Beispiel), der Geschossflächenzahl (Nr. 8 im obigen Beispiel) und der Festlegung der maximal zulässigen Vollgeschosse (Nr. 6 im obigen Beispiel) zu. Am besten lässt sich das an einem Beispiel erläutern:

Beispiel:

Sie interessieren sich für ein 500 m² großes unbebautes Grundstück, auf dem Sie ein Mietwohnhaus mit Eigentumswohnungen errichten möchten.

---

[40] Die Planzeichenverordnung können Sie kostenlos im Internet unter dem folgenden Link herunterladen: https://goo.gl/loEf4z

Nehmen wir nun an, dass der Bebauungsplan für dieses Grundstück folgende Festlegungen trifft:

- **Grundflächenzahl: 0,4**
- **Geschossflächenzahl: 0,8**
- **Maximal zulässige Vollgeschosse: IV**

Diese Festlegungen bedeuten Folgendes: Der Grundriss des Gebäudes darf nicht größer als 200 m^2 sein darf (= 500 m^2 x 0,4). Mit der Grundfläche ist die gesamte überbaute Fläche gemeint. Sie umfasst damit auch die Außenmauern.

Die Geschossflächenzahl von 0,8 wiederum bedeutet, dass die Summe der Geschossflächen insgesamt nicht größer als 400 m^2 sein darf (= 500 m^2 x 0,8). Demnach wäre es zulässig, 4 Vollgeschosse mit einer Grundfläche von jeweils bis zu 100 m^2 zu errichten. Alternativ könnten 3 Vollgeschosse mit einer Grundfläche von bis zu 133,33 m^2 errichtet werden.

Diese Festlegungen des Bebauungsplanes stellen Obergrenzen dar und müssen nicht voll ausgeschöpft werden. Allerdings kann der Bebauungsplan Ausnahmen von dieser Grundregel festlegen, was z.B. bei einer geschlossenen Bebauung in größeren Städten der Fall ist. In einem solchen Fall enthält der Bebauungsplan noch zusätzlich ein kleines „g" für geschlossene Bauweise und die römische Zahl der maximal zulässigen Vollgeschosse ist eingekreist. Bei solchen Festlegungen ist baurechtlich vorgegeben, dass die maximal zulässige Grundfläche überbaut wird und die Anzahl an Vollgeschossen ausgeschöpft wird. Ohne diese besonderen Festlegungen wäre eine geschlossene Bauweise bauplanungsrechtlich nicht durchzusetzen.

b) Baugenehmigung

Grundsätzlich bedürfen alle Baumaßnahmen (Errichtung, Änderung, Nutzungsänderung und Abbruch eines Gebäudes) einer konkreten Baugenehmigung der Bauaufsichtsbehörde.

Genehmigungsfrei sind Renovierungsmaßnahmen wie etwa die Anbringung eines neuen Anstriches, Putzes oder die Durchführung von Dämmmaßnahmen, Verblendungen, neue Dacheindeckung, Anbringung von Solaranlagen und das Auswechseln von Fenstern und Türen, es sei denn, dass ein Gebäude unter Denkmalschutz steht. Dann ist auch bei derartigen Änderungen Rücksprache mit dem Denkmalschutzamt zu nehmen.

Als interessierter Grundstückskäufer müssen Sie daher zunächst einmal herausfinden, ob das Grundstück nach den planungsrechtlichen Festlegungen und dem Stand der Erschließung baureifes Land ist und wie es bebaut werden darf. Liegt eine bestandskräftige (d.h. nicht mehr anfechtbare) Baugenehmigung vor, so kann diese Frage eindeutig aus dieser beantwortet werden. Es darf dann so gebaut werden, wie in der Baugenehmigung dargestellt. Liegt noch keine Baugenehmigung vor, dann müssen Sie anhand des Bebauungsplanes herausfinden, ob das von Ihnen geplante Gebäude mit den Festlegungen konform geht und genehmigungsfähig wäre. Denn eine Baugenehmigung wird grundsätzlich nur erteilt, wenn ein Bauvorhaben mit dem einschlägigen Bebauungsplan konform geht.

Existiert kein Bebauungsplan, so kann ein Bauvorhaben trotzdem zulässig sein, wenn das Grundstück innerhalb eines im Zusammenhang bebauten Ortsteils liegt und das geplante Gebäude sich nach Art und Maß der baulichen Nutzung in die Eigenart der näheren Umgebung einfügt, das Ortsbild nicht beeinträchtigt wird und die Erschließung gesichert ist. Bauvorhaben im Außenbereich, d.h. außerhalb des Geltungsbereichs eines Bebauungsplanes und außerhalb eines im Zusammenhang bebauten Ortsteils, sind nur unter sehr engen Voraussetzungen überhaupt genehmigungsfähig. Dabei handelt es sich im Regelfall um Bauten im Zusammenhang mit einem land- oder forstwirtschaftlichen Betrieb.

Wird ohne die erforderliche Baugenehmigung oder abweichend von der erteilten Baugenehmigung gebaut, so können die Bauaufsichtsbehörden Geldbußen verhängen. Kann aus bautechnischen oder baurechtlichen Gründen der Verstoß nicht durch eine nachträgliche Genehmigung geheilt werden, wird im Regelfall die Beseitigung der nicht genehmigten Bauteile oder der Abbruch des ganzen Gebäudes angeordnet.

Alle Entwürfe, Berechnungen und Angaben in einem Bauantrag müssen von einem bauvorlageberechtigten Entwurfsverfasser (in der Regel einem Architekten) durch Unterschrift anerkannt sein. Dieser trägt die Verantwortung für die Brauchbarkeit und Vollständigkeit der planerischen Unterlagen gegenüber dem Bauaufsichtsamt.

Die Baugenehmigung erlischt, wenn nicht innerhalb von drei Jahren nach Zustellung mit der Ausführung des Bauvorhabens begonnen wird oder wenn die Bauausführung länger als ein Jahr unterbrochen wird. Auf schriftlichen Antrag kann die Frist jedoch jeweils um bis zu ein Jahr verlängert werden.

2. Zivilrechtliches Grundstücksrecht und Grundbuch

Neben den Vorgaben des öffentlichen Baurechtes gibt es noch die zivilrechtlichen Regelungen zum Immobilien- und Grundstücksrecht.

Diese Regelungen sind nicht in einem einzigen Gesetz enthalten, sondern über mehrere Gesetze verteilt. Die meisten und wichtigsten Bestimmungen sind im Bürgerlichen Gesetzbuch (BGB) niedergelegt. Darüber hinaus finden sich Regelungen im Wohnungseigentumsgesetz (WEG) und in der Grundbuchordnung (GBO) sowie in der Makler- und Bauträgerverordnung (MaBV).

Im Folgenden gehe ich zunächst auf den zivilrechtlichen Begriff des Grundstückes und auf die Systematik des Grundbuches ein.

a) Aufbau und Funktion des Grundbuches

In Deutschland ist die gesamte Erdoberfläche vermessen und in öffentlichen Karten und Registern verzeichnet. Die kleinste Einheit ist dabei das Flurstück. Jedem Flurstück wird eine Nummer und eine genaue Bezeichnung zugeteilt, die aus dem Liegenschaftskataster hervorgeht.

Aus der Liegenschaftskarte geht die genaue geographische Lage der einzelnen Flurstücke hervor.

aa) Grundstücksbegriff

Die Flurstücke sind in aller Regel mit den im Grundbuch verzeichneten Grundstücken identisch. Möglich ist aber auch, dass im Grundbuch mehrere Flurstücke zu einem Grundstück zusammengefasst sind.

Das Grundbuch ist ein öffentliches Register, in dem alle Grundstücke und die Rechtsverhältnisse der Grundstücke festgehalten und dokumentiert sind. Das Grundbuch enthält Angaben zu den Flurstücken, aus denen ein Grundstück besteht sowie Angaben zu den Eigentümern, Belastungen, Erbbaurechten und dergleichen mehr. Die Grundbücher werden bei den jeweils zuständigen Grundbuchämtern geführt, die Abteilungen der Amtsgerichte sind.

bb) Struktur und Inhalt des Grundbuches

Das Grundbuch besteht aus Grundbuchblättern, die auch über mehrere Seiten gehen können und nicht identisch sind mit den Seiten eines Buches. Jedes Grundbuchblatt trägt eine Nummer und ist so eindeutig identifizierbar. Auf einem Grundbuchblatt können auch mehrere Grundstücke erfasst werden. Diese werden dann durchnummeriert im Bestandsverzeichnis.

Ein Grundbuchblatt ist neben dem Deckblatt stets in 4 verschiedene Teile gegliedert, die in den folgenden Ausführungen vorgestellt und besprochen werden:

Amtsgericht	Musterstadt	Grundbuch von Musterstadt **Blatt 374 Bestandsverzeichnis**					Größe		
Laufende Nummer der Grund- stücke	Bisherige laufende Nummer der Grundstücke	Bezeichnung der Grundstücke und der mit dem Eigentum verbundenen Rechte							
		Gemarkung (Vermessungsbezirk)	Karte		Liegen- schafts- buch	Wirtschaftsart und Lage			
			Flur	Flurstück			ha	a	qm
		a	b		c/d	e			
1	2	3					4		
1	1	Nordstadt	3	543 544	40	Hof- und Gebäudefläche, Musterstr. 100		5	50

Bestandsverzeichnis

Das Bestandsverzeichnis enthält Informationen über die Zusammensetzung und Lage des Grundstückes wie Gemarkung, Flur und Flurstücke sowie die Art des Grundstückes (bebaut oder unbebaut) sowie schließlich die postalische Adresse des Grundstückes.

Dieses Beispiel eines Bestandsverzeichnisses eines Grundbuchblattes möge das illustrieren.

Diesem Beispiel eines Bestandsverzeichnisses kann entnommen werden, dass es sich um ein Grundstück handelt, welches aus zwei Flurstücken besteht, und zwar aus den Flurstücken 543 und 544 (siehe grau hinterlegte Felder).

Das Grundstück ist insgesamt 550 m^2 groß und mit einem Gebäude bebaut, was aus den Eintragungen in den letzten drei Spalten geschlossen werden kann. Darüber hinaus kann man ersehen, dass das Grundstück an der Musterstr. 100 in Musterstadt gelegen ist.

Wer Eigentümer des Grundstückes ist, kann man aus dem Bestandsverzeichnis **nich**t ersehen. Diese Information erschließt sich erst aus den nachfolgenden Seiten des Grundbuchblattes.

Einlegebogen   Abt.

Amtsgericht Musterstadt

Grundbuch von Musterstadt **Blatt** 374   **I**

Laufende Nummer der Eintragungen	Eigentümer	Laufende Nummer der betroffenen Grundstücke im Bestandsverzeichnis	Grundlage der Eintragung
1	2	3	4
1	Eheleute Heinz Muster, geb. am 18. Juni 1943 und Lisa Muster, geb. Meier, geb. am 13. Juli 1945, beide wohnhaft in Musterstadt - zu je ½ Anteil	1	Auf Grund des Erbscheins vom 5. Juli 1956 (Az xy AG Musterstadt) eingetragen am 19. Oktober 1956 [Unterschrift Grundbuchbeamter]
2	Eheleute Klaus Musterkäufer, geb. am 15. April 1962 und Karla Musterkäufer, geb. Müller, geb. am 23. April 1961, beide wohnhaft in Musterstadt – zu je ½ Anteil	1	Aufgelassen am 4. September 1986 und eingetragen am 27. September 1986 [Unterschrift Grundbuchbeamter]
3	Kevin Musterkäufer, geb. am 27. Mai 1988	1	Auf Grund des Erbscheins vom 9. Juli 2008 (Az xy AG Musterstadt) eingetragen am 19. Juli 2008 [Unterschrift Grundbuchbeamter]

Abteilung I – vormalige und gegenwärtige Eigentümer

Wer gegenwärtig Eigentümer des Grundstückes ist und wer zuvor Eigentümer war, kann man aus der Abteilung I des Grundbuchblattes entnehmen. Ich möchte Ihnen das das anhand des nachfolgenden Grundbuchblattbeispiels erläutern:

In der ersten Spalte der Abteilung I des Grundbuchblattes ist die laufende Nummer der Eintragungen vermerkt. Hier gibt es insgesamt 3 fortlaufende Eintragungen, die mit den Nummern 1 bis 3 durchnummeriert sind.

Aus der zweiten Spalte kann entnommen werden, wer zuvor Eigentümer des Grundstückes gewesen ist und wer derzeit Eigentümer ist. Dabei sind gelöschte und veraltete Eintragungen unterstrichen oder durchgestrichen. Die letzte (nicht durchgestrichene und nicht unterstrichene) Eintragung der zweiten Spalte weist den aktuellen Eigentümer aus (im obigen Beispiel Herr Kevin Musterkäufer).

Aus dem oben eingefügten Beispielauszug kann darüber hinaus abgelesen werden, dass zunächst die Eheleute Heinz und Lisa Muster zu je ½ Eigentümer des Grundstückes gewesen sind. Danach sind die Eheleute Klaus und Karla Musterkäufer Eigentümer gewesen. Schließlich ist Kevin Musterkäufer Eigentümer geworden, der es auch heute (Zeitpunkt der Erstellung des Grundbuchauszuges) noch ist.

Aus der dritten Spalte kann schließlich abgelesen werden, auf welches Grundstück des Bestandsverzeichnisses sich die Eintragung in der zweiten Spalte bezieht. Wenn nur ein Grundstück im Bestandsverzeichnis verzeichnet ist, wird hier durchgängig nur die Nummer 1 auftauchen, was im Beispielauszug der Fall ist.

In der letzten Spalte ist schließlich verzeichnet, was der Grund für den Eigentümerwechsel war. Hier kann im Beispielauszug abgelesen werden, dass die Eheleute Heinz und Lisa Muster das Grundstück zunächst im Jahre 1956 durch Erbschaft erworben haben. Im Jahre 1986 haben die Eheleute Klaus und Karla Musterkäufer das Grundstück von Heinz und Lisa Muster gekauft. Danach hat es schließlich der Sohn der Eheleute Musterkäufer von seinen Eltern im Jahre 2008 geerbt.

Amtsgericht	Musterstadt		
		Grundbuch von Musterstadt **Blatt** 374	**II**
Laufende Nummer der Eintragungen	Laufende Nummer der betroffenen Grundstücke im Bestandsverzeichnis	Lasten und Beschränkungen	
1	2	3	
1	1	Ein Recht auf das Legen und die Unterhaltung von Hochspannungsleitungen sowie ein Betretungsrecht für die Elektrizitätswerke Musterstadt. Unter Bezugnahme auf die Bewilligung vom 19. Februar 1956 eingetragen am 09. März 1956. [Unterschrift Grundbuchbeamter]	
2	1	Eigentumsvormerkung für a) Herrn Klaus Musterkäufer, geb. am 15. April 1962 zu ½ Anteil und b) Frau Karla Musterkäufer, geb. Müller, geb. am 23. April 1961, zu ½ Anteil Unter Bezugnahme auf die Bewilligung vom 4. Oktober 1986 eingetragen am 9. Oktober 1986. [Unterschrift Grundbuchbeamter]	

Abteilung II – Lasten und Beschränkungen

In der Abteilung II des Grundbuchblattes werden dingliche Lasten und Beschränkungen des Grundstückes eingetragen. Dazu gehören z.B. dingliche Wohnrechte, Eigentumsvormerkungen, Dienstbarkeiten (Wegerecht etc.), Reallasten (Grundrenten) und schließlich Zwangsverwaltungs- oder Zwangsversteigerungsvermerke. Zur Verdeutlichung diene das folgende Beispiel:

Hier ist in der Abteilung II des Mustergrundbuchauszuges unter der laufenden Nummer 1 eine Dienstbarkeit eines Energieversorgers eingetragen, die diesen berechtigt, eine Hochspannungsleitung über das Grundstück zu verlegen und zu unterhalten.

Unter der laufenden Nummer 2 ist eine **Eigentumsvormerkung** für die Eheleute Musterkäufer eingetragen worden, die aber wieder gelöscht worden ist, was an der Unterstreichung der Eintragung zu erkennen ist. Belastungen in Form von Eigentumsvormerkungen sind von großer praktischer Bedeutung für die Grundstücksübertragung. Eine Eigentumsvormerkung für den Käufer eines Grundstückes sichert schon in einem sehr frühen Stadium des Erwerbsvorganges seinen Anspruch aus dem Kaufvertrag auf Eintragung als neuer Eigentümer des Grundstückes und verhindert den Eigentumserwerb eines Dritten, an den ein etwaiger Zwischenverkauf erfolgt.

Grundpfandrechte (Grundschulden oder Hypotheken) wird man in der Abteilung II jedoch vergeblich suchen. Obwohl die Grundpfandrechte dingliche Belastungen von Grundstücken darstellen, sind sie nicht in der Abteilung II des Grundbuchblattes eingetragen sondern in einer eigenen Abteilung III. Wegen der großen praktischen Bedeutung der Grundpfandrechte für den Grundstücksverkehr und für die Erlangung von Immobiliendarlehen hat der Gesetzgeber den Grundpfandrechten eine eigene Abteilung im Grundbuchblatt gewidmet.

Aber bedenken Sie, dass die oben angesprochenen **Baulasten** hier **nicht** vermerkt sind. Systematisch würden sie in die Abteilung II des Grundbuchblattes hineingehören, da sie wie dingliche Lasten wirken und mit dem Grundstück fest verknüpft sind, d.h. auch ohne besondere Erwähnung und selbst bei abweichenden Regelungen im Kaufvertrag gleichwohl auf den neuen Eigentümer des Grundstückes übergehen. Baulasten sind nur im Baulastenverzeichnis verzeichnet, so dass das Schweigen der Abteilung II des Grundbuches nicht die Schlussfolgerung zulässt, dass es keine Baulasten gibt. Es ist daher Vorsicht geboten und eine Einsichtnahme in das Baulastenverzeichnis beim Bauaufsichtsamt ist unbedingt anzuraten.

In Abteilung II des Grundbuchblattes können auch **Vorkaufsrechte** eingetragen werden, um diese dinglich abzusichern. Das Vorkaufsrecht ist in den §§ 463 ff. BGB geregelt und stellt das Recht dar, im Falle der Veräußerung des Grundstückes anstelle des Käufers in den Kaufvertrag einzutreten. Die dingliche Absicherung des Vorkaufsrecht durch Eintragung als Belastung in der Abteilung II des Grundbuchblattes ist gemäß §§ 1094 ff. BGB möglich und bewirkt, dass die Eintragung eines Erwerbers als neuer Eigentümer gegenüber dem Vorkaufsberechtigten unwirksam ist. Der Käufer des Grundstückes kann gegenüber dem Vorkaufsberechtigten nicht einwenden, er habe keine Kenntnis von dem Vorkaufsrecht gehabt, wenn dieses im Grundbuch als Belastung in der Abteilung II eingetragen war. Insofern erlangt der Vorkaufsberechtigte durch die Eintragung eine zusätzliche Sicherheit. Vorkaufsrechte werden daher immer dann im Grundbuch eingetragen, wenn sehr großer Wert auf die Möglichkeit zum Erwerb eines Grundstückes gelegt wird.

Gemäß §§ 24 ff. BauGB haben auch die Gemeinden, in denen das Grundstück liegt, unter bestimmten Voraussetzungen ein gesetzliches Vorkaufsrecht. Daher holt der Notar bei der Gemeinde die Erklärung ein, dass die Gemeinde von dem Vorkaufsrecht keinen Gebrauch machen will. Allerdings beziehen sich die gesetzlichen Vorkaufsrechte der Gemeinden nur auf den Verkauf von vollständigen Grundstücken und nicht auf den Verkauf einer einzelnen Eigentumswohnung, bei dem kein Vorkaufsrecht besteht.[41]

Auf die Darstellung der Spalten 4 – 7 wurde bei dem oben eingefügten Beispiel einer Abteilung II eines Grundbuchblattes verzichtet. Die nicht abgebildeten Spalten 4 – 7 enthalten weitere Informationen über Veränderungen und insbesondere Löschungen der Rechte.

---

[41] Siehe § 24 Abs. 2 BauGB.

Amtsgericht	Musterstadt		
		Grundbuch von Musterstadt Blatt 374	III
Laufende Nummer der Eintragungen	Laufende Nummer der betroffenen Grundstücke im Bestandsverzeichnis	Betrag	Hypotheken, Grundschulden, Rentenschulden
1	2	3	4
1	1	135.000,00 DM	Hundertfünfunddreißigtausend Deutsche Mark Grundschuld, verzinslich mit 13 % jährlich für die Musterbank in Musterstadt. Der jeweilige Eigentümer ist der sofortigen Zwangsvollstreckung unterworfen. Unter Bezugnahme auf die Bewilligung vom 17. August 1986 brieflos eingetragen am 27. August 1986. [Unterschrift Grundbuchbeamter]
2	1	40.000,00 EURO	Vierzigtausend Euro Grundschuld, verzinslich mit 15 % Jahreszinsen und einer einmaligen Nebenleistung von 8 % des Grundschuldbetrages für die Mustersparkasse in Musterstadt. Der jeweilige Eigentümer ist der sofortigen Zwangsvollstreckung unterworfen. Brieflos - unter Bezugnahme auf die Bewilligung vom 20. Juli 2009, eingetragen am 30. Juli 2009. [Unterschrift Grundbuchbeamter]

Abteilung III – Grundpfandrechte

In der Abteilung III des Grundbuchblattes sind schließlich die Grundpfandrechte vermerkt. Hierzu zählen **Grundschulden** und **Hypotheken**, die in aller Regel zugunsten von Banken bestellt sind, die ein Darlehen zur Finanzierung des Immobilienkaufes gegeben haben.

Bei der Absicherung von Immobiliendarlehen kommen praktisch ausschließlich Grundschulden vor, weil sie gegenüber Hypotheken praktischer sind. Hypotheken sind akzessorisch, d. h. sie sind vom rechtlichen Bestand der gesicherten Forderung abhängig, wohingegen Grundschulden abstrakt und damit unabhängig vom Bestand der Forderung sind.

Mögliche Eintragungen in der Abteilung III sind auch Zwangssicherungshypotheken, die auf Betreiben von Gläubigern des Grundstückseigentümers im Wege der Zwangsvollstreckung in das Grundbuch eingetragen werden können.

Zur Illustration und Verdeutlichung diene das folgende Beispiel einer Abteilung III eines Grundbuchblattes, welches das obige Beispiel fortsetzt:

Das hier eingefügte Beispiel einer Abteilung III eines Grundbuchblattes weist die vormaligen und gegenwärtigen Grundpfandrechte und deren Gläubiger aus.

Den hier ausgewiesenen Eintragungen kann entnommen werden, dass zunächst im Jahre 1986 eine Grundschuld für die Musterbank in Musterstadt in Höhe von DM 135.000 bestellt wurde. Diese Eintragung korrespondiert mit dem Eigentümerwechsel im Jahre 1986, der im Bestandsverzeichnis unter der laufenden Nummer 2 in der zweiten Spalte vermerkt ist. Die Eheleute Musterkäufer hatten offenbar zur Finanzierung des Kaufpreises einen Kredit bei der Musterbank aufgenommen, für den zur Sicherung diese Grundschuld über DM 135.000 in die Abteilung III eingetragen wurde. Diese Grundschuld ist jedoch mittlerweile erloschen, was durch die Unterstreichung der Eintragung ersichtlich wird.

Der Hintergrund der zweiten Grundschuldbestellung über € 40.000 ist aus dem Grundbuchblatt nicht zu erschließen. Denkbar ist die Finanzierung einer durchgreifenden Renovierung der Immobilie durch die Mustersparkasse. Denkbar ist aber auch der Kauf einer anderen Immobilie durch Kevin Musterkäufer, der das in diesem Grundbuchblatt verzeichnete Hausgrundstück in 2008 geerbt hatte.

Auf die Darstellung der Spalten 5 – 7 wurde bei dem oben eingefügten Beispiel einer Abteilung III eines Grundbuchblattes verzichtet. Die nicht abgebildeten Spalten 5 – 7 enthalten weitere Informationen über Veränderungen und insbesondere Löschungen der Rechte.

Grundakten

Beim Grundbuchamt werden darüber hinaus Grundakten zu jedem Grundbuchblatt geführt, in denen die Urkunden chronologisch abgeheftet werden, die den Eintragungen und Änderungen im Grundbuch zugrunde liegen wie z.B. Auflassungen, Bewilligungen von Grundschuldeintragungen etc.

cc) Publizität und Gutglaubensschutz des Grundbuches

Obwohl das Grundbuch ein öffentliches Register ist, darf nicht jeder darin lesen wie in einem Telefonbuch. Vielmehr wird von den Grundbuchämtern bei den Amtsgerichten nur dann Einsicht in das Grundbuch gewährt, wenn ein berechtigtes Interesse nachgewiesen werden kann.

Die Einsichtnahme wird dadurch ersetzt, dass das Grundbuchamt dem Interessenten kostenpflichtig eine Kopie des einschlägigen Grundbuchblattes fertigt und zuschickt. Dabei wird zwischen beglaubigten und unbeglaubigten Grundbuchauszügen unterschieden. Die beglaubigten Grundbuchauszüge sind etwas teurer, bieten jedoch dafür Gewähr für die Richtigkeit der gefertigten Kopie.

Ein berechtigtes Interesse zur Einsichtnahme in das Grundbuch liegt nach der Rechtsprechung in folgenden Fällen vor:

- Der Eigentümer oder der Grundpfandrechtsgläubiger (in der Regel eine Bank) möchte in das Grundbuchblatt schauen, in dem sein Recht eingetragen ist.
- Der Interessent steht mit dem Eigentümer in **konkreten** Kaufvertragsverhandlungen. Bloßes Kaufinteresse reicht nicht, d.h. der Interessent muss die konkreten Vertragsverhandlungen nachweisen.
- Tatsächlicher oder potentieller Gläubiger des Eigentümers, der in das Grundstück vollstrecken will.[42] Dazu gehören auch Bauhandwerker, die gemäß § 648 BGB eine Bauhandwerkersicherungshypothek eintragen lassen wollen.

Der Gutglaubensschutz des Grundbuches bewirkt, dass sich jedermann auf die Richtigkeit des Inhaltes des Grundbuches verlassen kann. Dieses Ziel erreicht der Gesetzgeber dadurch, dass der Erwerber eines im Grundbuch verzeichneten Rechtes dieses auch dann wirksam erwirbt, wenn sich später herausstellt, dass der Inhalt des Grundbuches sachlich falsch war und der Verkäufer z.B. gar nicht Eigentümer des Grundstückes war. Diese Regelungen sind in § 892 BGB niedergelegt. Dieser so genannte gutgläubige Erwerb vom Nichtberechtigten funktioniert aber nur dann, wenn der Erwerber keine Kenntnis von der mangelnden Berechtigung des Verkäufers hatte.

Der große Vorteil dieser Regelung ist, dass der Erwerber eines Grundstückes keine aufwendigen Recherchen

---

[42] OLG Zweibrücken, Beschluss vom 18.10.1988, abgedruckt in Neue Juristische Wochenschrift 1989, S. 531

und Nachforschungen anstellen muss, um sich ein Bild davon zu machen, ob der Verkäufer auch tatsächlich der Grundstückseigentümer ist. Ohne den öffentlichen Glauben des Grundbuches, der auch die mangelnde Berechtigung eines im Grundbuch eingetragenen Eigentümers gemäß § 892 BGB überwindet, müsste der Käufer aber genau das tun und viel Zeit und wohlmöglich Geld investierten, um Nachforschungen anzustellen. Zur Verdeutlichung der Funktionsweise des Gutglaubensschutzes des Grundbuches diene das folgende Beispiel:

Beispiel:

Ausgehend von dem obigen Grundbuchauszug ist Kevin Musterkäufer ausweislich des Grundbuchblattes als Erbe seiner Eltern im Jahre 2008 Eigentümer des Grundstückes an der Musterstr. 100 geworden und als solcher gegenwärtig im Grundbuch eingetragen. Er verkauft nun im Jahre 2009 mit notariellem Kaufvertrag das Grundstück an Sabine Schön, die im Jahre 2009 im Grundbuch als neue Eigentümerin eingetragen wird.

Im Jahre 2010 taucht ein Testament der Eltern des Kevin Musterkäufer auf, in dem sie ihren Sohn Kevin enterbt und stattdessen die Freundin der Eltern Frau Gerda Gefällig als Alleinerbin eingesetzt hatten. Der Erbschein, der Kevin Musterkäufer in 2008 als Alleinerben ausgewiesen hatte, wird vom Amtsgericht eingezogen und Frau Gerda Gefällig wird stattdessen ein Erbschein erteilt, der sie als Alleinerbin ausweist.

Damit steht rechtlich fest, dass Kevin Musterkäufer tatsächlich niemals Eigentümer des Grundstückes gewesen ist, weil er nicht Erbe war. Folglich war der Inhalt des

Grundbuches falsch, der ihn als Eigentümer ausgewiesen hat.

Gleichwohl ist jedoch Sabine Schön durch die Auflassung und die Eintragung als neue Eigentümerin im Grundbuch wirksam Grundstückseigentümerin geworden. Sabine Schön wird insoweit durch den Inhalt der Grundbucheintragungen geschützt, die Kevin Musterkäufer im Jahre 2009 noch als Eigentümer ausgewiesen haben. Wegen der Regelung des § 892 BGB konnte sie wirksam das Grundstückseigentum von Kevin Musterkäufer erwerben, weil sie keine Kenntnis von der inhaltlichen Unrichtigkeit des Grundbuches hatte.

dd) Rechte an Grundstücken, Gebäuden und weiteren Bestandteilen

Im vorhergehenden Abschnitt wurde der Grundstücksbegriff und der Aufbau und Inhalt des Grundbuches erklärt. Der Zusammenhang zwischen Rechten an Grundstücken und den darauf erbauten Gebäuden und Gebäudeteilen wurden hingegen noch nicht erklärt.

Dieser Zusammenhang ist im Gesetz dergestalt geregelt, dass der Eigentümer des Grundstückes automatisch auch der Eigentümer der mit dem Grundstück fest verbundenen Gebäude und Gebäudeteile ist.[43] Das heißt, dass das Eigentum am Gebäude und das Eigentum am Grundstück nicht voneinander getrennt werden können.[44] Beide sind rechtlich untrennbar miteinander verbunden und

---

[43] Siehe §§ 92 und 94 BGB.
[44] Die einzige Ausnahme hiervon stellt das Erbbaurecht dar, welches weiter unten am Ende dieses Kapitels besprochen wird.

beide können nur zusammen übertragen werden indem das Eigentum am Grundstück übertragen wird und das Eigentum am Gebäude automatisch folgt.

Die feste Verbindung eines Gebäudes oder Gebäudeteiles mit dem Grundstück liegt in aller Regel vor. Insbesondere bei unterkellerten Gebäuden besteht kein Zweifel an der festen Verbindung. Aber auch für eine Fertiggarage, die lediglich durch die Schwerkraft auf dem Grundstück ruht, wurde von der Rechtsprechung eine hinreichend feste Verbindung mit dem Grundstück angenommen.

Darüber hinaus werden die fest in ein Gebäude eingefügten Sachen ebenfalls zu **wesentlichen Bestandteilen** des Gebäudes und fallen damit wiederum automatisch kraft Gesetzes unter das Eigentumsrecht des Grundstückseigentümers, sobald diese in das Gebäude eingefügt worden sind.

Bei Gebäudeteilen gibt es mitunter Abgrenzungsschwierigkeiten, wenn nicht eindeutig zu beantworten ist, ob ein Teil in ein Gebäude fest eingefügt worden ist oder nicht. Nach der maßgeblichen Auslegung des Bundesgerichtshofes sind all diejenigen Gebäudeteile zur Herstellung in das Gebäude fest eingefügt, ohne die das Gebäude nach der Verkehrsanschauung noch nicht als fertiggestellt anzusehen ist.[45]

Demnach sind z.B. wesentliche Bestandteile von Gebäuden:

---

[45] Bundesgerichtshof, Urteil v. 27.9.1978, abgedruckt in Neue Juristische Wochenschrift 1979, S. 712

- Aufzug
- Fenster und Türen nach Einbau
- Eingebaute Rohrleitungen und elektrische Leitungen
- Einbauküche, wenn Spezialanfertigung oder besonders eingepasst (aber regionale Unterschiede in Norddeutschland einerseits und West- und Süddeutschland andererseits)
- Zentralheizungsanlage
- Schwimmbecken
- im Erdreich eingelassener Sichtschutzzaun
- Warmwasserbereiter

Praktische Folge dieser Regelung ist, dass der Erwerber des Grundstückes diese Gegenstände automatisch mit erwirbt, egal ob darüber eine Regelung im Kaufvertrag enthalten ist oder nicht.

Hiervon zu unterscheiden sind die **Scheinbestandteile**, die nur vorübergehend in das Gebäude eingefügt sind. Dazu gehört etwa die vom Mieter eingebrachte Ladeneinrichtung ohne Vereinbarung, dass diese nach Ablauf der Mietzeit vom Eigentümer übernommen wird. Die Scheinbestandteile fallen nicht automatisch unter das Eigentum des Grundstückes, sondern können separat veräußert werden. Über diese Gegenstände sollte daher im Kaufvertrag unbedingt eine Vereinbarung getroffen werden, wenn das Grundstück verkauft und übertragen wird.

Darüber hinaus ist von den wesentlichen Bestandteilen des Grundstückes und Gebäudes das **Zubehör** eines Grundstückes zu unterscheiden. Dabei handelt es sich um Gegenstände, die nicht mit dem Grundstück oder Gebäude fest verbunden werden, die aber dem wirtschaftlichen

Zweck des Grundstückes zu dienen bestimmt sind. Dazu gehört z.B. der Maschinenpark und das sonstige Inventar eines land- oder fortwirtschaftlichen Betriebes wie Traktoren, Werkzeuge und Landmaschinen. Diese Gegenstände fallen nicht kraft Gesetzes unter das Eigentum des Grundstückseigentümers. Es besteht jedoch die Besonderheit, dass diese Gegenstände gemäß § 311c BGB als mitverkauft gelten, wenn Sie in dem Kaufvertrag über das Grundstück nicht ausdrücklich ausgenommen werden.

b) Mehrheit von Eigentümern

Da Grundstücke und Gebäude beträchtliche Vermögenswerte darstellen, kommt es häufig vor, dass mehrere Personen zusammen Eigentümer sind. Hierbei sind verschiedene Formen des Gemeinschaftseigentums möglich. Eine recht häufige Form ist das Gemeinschaftseigentum nach Bruchteilen. Das kommt dadurch zum Ausdruck, dass in der Abteilung I des Grundbuchblattes mehrere Personen als Eigentümer eingetragen sind und jeweils vermerkt ist, welchen Bruchteil die jeweilige Person hält (z.B. ½).

In dem Beispielgrundbuchauszug waren die Eheleute jeweils zu ½ Eigentümer des Grundstücks:

Erledigtes   Abt.

Amtsgericht	Musterstadt			
		Grundbuch von Musterstadt **Blatt 374**		
Laufende Nummer der Eintragungen	Eigentümer	Laufende Nummer der betroffenen Grundstücke im Bestandsverzeichnis	Grundlage der Eintragung	
1	2	3	4	
1	Eheleute Heinz Muster, geb. am 18. Juni 1943 und Lisa Muster, geb. Meier, geb. am 13. Juli 1945, beide wohnhaft in Musterstadt - zu je ½ Anteil	1	Auf Grund des Erbscheins vom 5. Juli 1956 (Az xy AG Musterstadt) eingetragen am 19. Oktober 1956 [Unterschrift Grundbuchbeamter]	
2	Eheleute Klaus Musterkäufer, geb. am 15. April 1962 und Karla Musterkäufer, geb. Müller, geb. am 23. April 1961, beide wohnhaft in Musterstadt - zu je ½ Anteil	1	Aufgelassen am 4. September 1986 und eingetragen am 27. September 1986 [Unterschrift Grundbuchbeamter]	
3	Kevin Musterkäufer, geb. am 27. Mai 1988	1	Auf Grund des Erbscheins vom 9. Juli 2008 (Az xy AG Musterstadt) eingetragen am 19. Juli 2008 [Unterschrift Grundbuchbeamter]	

Eine solche Eigentumsgemeinschaft nach Bruchteilen bedeutet, dass jedem der Eigentümer ein ideeller Anteil am Grundstück zusteht. Es findet grundsätzlich keine Aufteilung von Nutzungsrechten auf einzelne Räume oder Gebäudeteile statt. Die Bruchteile sind verkehrsfähig, d.h. sie können einzeln veräußert oder belastet werden. Eine Zwangsvollstreckung in den Bruchteil durch Gläubiger ist ebenfalls möglich.

Jedes Mitglied der Eigentumsgemeinschaft nach Bruchteilen kann die Auflösung der Gemeinschaft verlangen. Die Auflösung kann dabei durch Verkauf der Bruchteile der Miteigentümer an ein Mitglied der Eigentumsgemeinschaft erfolgen, welches dadurch Alleineigentümer wird. Möglich sind auch der Verkauf der gesamten Bruchteile an einen Dritten und die Aufteilung des Verkaufserlöses unter den Mitgliedern der Eigentumsgemeinschaft.

Ein typischer Fall einer Auflösung ist die Ehescheidung. Wenn einer der Ehepartner die Immobilie behalten möchte, aber nicht das Geld hat, um dem anderen Ehepartner seinen hälftigen Anteil abzukaufen, dann bleibt in der Regel nur der Verkauf an einen Dritten, der durch den anderen Ehepartner sogar im Wege der **Auseinandersetzungszwangsversteigerung** erzwungen werden kann.[46]

c) Sondereigentum nach Wohnungseigentumsgesetz (WEG)

Eine Besonderheit stellt das Sondereigentum nach dem Wohnungseigentumsgesetz dar. Es ermöglicht Gemeinschaftseigentum an einem Hausgrundstück zu einem bestimmten Bruchteil in Kombination mit Sondereigentum an bestimmten Räumen des Gebäudes in Form von Eigentumswohnungen.

Da die Anzahl der Miteigentümer bzw. Teileigentümer bei Wohnungseigentumsanlagen in der Regel größer ist als bei normalen Einfamilienhäusern, wird die Stückelung der Miteigentumsanteile kleiner gewählt (in der Regel ausgedrückt in Brüchen mit 1.000 oder 10.000 als Nenner). Die Details der Aufteilung in Sondereigentum und Gemeinschaftseigentum sind in der **Teilungserklärung** geregelt.

Nicht jedes Haus eignet sich für die Aufteilung in Eigentumswohnungen. Erforderlich ist dafür die Abgeschlossenheit der einzelnen Wohnungen, die von der Bauaufsichtsbehörde bescheinigt werden muss.

---

[46] Siehe § 180 Zwangsversteigerungsgesetz.

Jede Eigentumswohnung wird auf einem gesonderten Grundbuchblatt geführt, welches ebenfalls über 3 Abteilugen verfügt wie auch das Grundbuchblatt zu einem normalen Grundstück. Die Eigentumswohnung ist genau wie ein normales Grundstück übertragbar und mit Grundpfandrechten belastbar.

Das BGB weist rechtlich alle auf einem Grundstück errichteten Gebäude als wesentliche Bestandteile des Grundstücks dem Eigentümer bzw. den Eigentümern dieses Grundstücks nach ideellen Bruchteilen zu, so dass nach der Konzeption des Gesetzes an Gebäudeteilen eigentlich kein selbständiges Eigentum bestehen kann. Diese Regelung des BGB erwies sich jedoch als zu unflexibel, da insbesondere nach dem zweiten Weltkrieg der massive Wohnraumbedarf die Notwendigkeit nach sich zog, die finanziellen Kräfte für den Wohnungsbau zu bündeln. Dazu war es aber erforderlich, denjenigen einen realen Gegenwert zu bieten, die mangels ausreichender finanzieller Mittel kein ganzes Haus allein errichten konnten und daher Geld zusammengelegt haben, um gemeinsam ein Haus zu errichten. Das **Sondereigentum** an einer Wohnung stellt diesen realen Gegenwert für den finanziellen Beitrag zum Bau eines Hauses durch mehrere Parteien dar. Diese Konzeption hat ihre Ausprägung im Wohnungseigentumsgesetz (WEG) gefunden. Die Regelungen des WEG haben sich bis heute bewährt und ermöglichen insbesondere in Ballungszentren und hochpreisigen innerstädtischen Lagen auch heute noch durchschnittlich betuchten Menschen eine erschwingliche Form des Wohnimmobilieneigentums.

Das Wohnungseigentumsgesetz regelt insbesondere:

- die Begründung des Wohnungseigentums (§ 2 bis § 9 WEG)
- die Rechtsverhältnisse der Wohnungseigentümer untereinander (§ 10 bis § 19 WEG)
- die Verwaltung des Wohnungseigentums (§ 20 bis § 29 WEG)
- Regelungen für Rechtsstreitigkeiten im Zusammenhang mit Wohnungseigentum (§ 43 bis § 50 WEG)

Bei einem Haus, welches in Eigentumswohnungen aufgeteilt ist, wird zwischen Gemeinschaftseigentum und Sondereigentum unterschieden. Das **Gemeinschaftseigentum** gehört allen Miteigentümern nach einem ideellen Bruchteil ohne Zuweisung bestimmter Gebäudeteile an einzelne Miteigentümer. Zum Gemeinschaftseigentum gehören z.B. die Außenwände, die Fassade, das Dach, das Treppenhaus, Gemeinschaftsflächen wie Hof- und Gartenflächen (soweit daran kein Sondereigentum begründet ist).

Zum **Sondereigentum** gehören die einzelnen abgetrennten Eigentumswohnungen mit Ausnahme der Außenwände und Fenster, die ebenfalls Gemeinschaftseigentum darstellen. Die Abgrenzung von Gemeinschaftseigentum und Sondereigentum spielt eine erhebliche Rolle für die Unterhaltungspflichten und für die Kostentragung von Reparatur- und Sanierungsmaßnahmen. Darüber hinaus entscheidet die Abgrenzung darüber, wer die Entscheidung über die Maßnahme treffen kann.

aa) Kompetenzen in der Eigentümergemeinschaft

Soweit nur die Eigentumswohnung selbst betroffen ist, kann der Inhaber der Eigentumswohnung schalten und walten wie er will, ohne sich mit den anderen Eigentümern abstimmen zu müssen. Das betrifft z.B. die Ausstattung des Badezimmers, die Wahl der Tapeten und Bodenbeläge und dergleichen mehr.

Wenn hingegen das Gemeinschaftseigentum (Außenwände, Fassaden, Treppenhaus, Dach, Zentralheizung etc.) betroffen ist, so liegt die Zuständigkeit für Entscheidungen bei der **Eigentümergemeinschaft**. Die Eigentümergemeinschaft ist das „Parlament" der Wohnungseigentümer. Sie tagt mindestens einmal jährlich, wofür sich der Begriff **Wohnungseigentümerversammlung** eingeschliffen hat. Dort werden die wichtigsten Weichenstellungen für das Gemeinschaftseigentum in Form von Beschlüssen der Eigentümer vorgenommen.

bb) Aufgaben des Verwalters

Die Entscheidungen der Wohnungseigentümerversammlung werden von einem **Verwalter** ausgeführt, der auch die gesamte Verwaltung der Immobilie leistet. Zu seinen Aufgaben gehören u. a. die Aufteilung der Betriebskosten und die Einziehung der Kostenbeiträge der Wohnungseigentümer für Verwaltung und Instandhaltung des Gemeinschaftseigentums (= **Hausgeld**).

Der Verwalter wird von der Wohnungseigentümerversammlung mit einfachem Mehrheitsbeschluss bestellt und
abberufen.[47] Es ist möglich und bei größeren Wohnungseigentumsanlagen auch üblich, einen Beirat aus 3 Mitgliedern aus dem Kreise der Wohnungseigentümer zu bestellen. Aufgaben des Beirates sind die Überwachung des
Verwalters und die Mitwirkung bei kleineren Entscheidungen, über die nicht notwendigerweise die Eigentü-
merversammlung beschließen muss.

cc) Gemeinschaftsordnung

Die grundlegenden Vereinbarungen über Rechte und
Pflichten in der Eigentümergemeinschaft werden in der
Gemeinschaftsordnung festgeschrieben.

Dazu gehören etwa die Art der erlaubten Nutzung der
Eigentumswohnungen (rein private Nutzung oder auch
gewerbliche Nutzung) und die grundsätzliche Regelung
der Beitragspflichten der Mitglieder der Eigentümergemeinschaft zur Unterhaltung des Gemeinschaftseigentums. Häufig sind die Gemeinschaftsordnung und die Teilungserklärung in einer Urkunde zu einem Text zusammengefasst. Die Gemeinschaftsordnung kann nur durch
die gesamte Eigentümergemeinschaft geändert werden, d.
h. dass sich alle Eigentümer einig sein müssen.

In der Gemeinschaftsordnung können auch Änderungen der erforderlichen Mehrheiten für Beschlüsse der Eigentümergemeinschaft enthalten sein. So ist es z.B. möglich, abweichend vom WEG für einen Beschluss von Mo-
dernisierungsmaßnahmen am Gemeinschaftseigentum

---

[47] Siehe § 26 Abs. 1 WEG.

die Zustimmung sämtlicher Wohnungseigentümer vorzu-
schreiben. Das führt im Ergebnis dazu, dass ein einziger
Abweichler in der Eigentümergemeinschaft z. B. die Er-
neuerung der Zentralheizung oder die Durchführung einer
energiesparenden Fassadendämmung blockieren könnte.

Es ist daher ratsam, die Gemeinschaftsordnung vor
dem Entschluss über den Kauf einer Eigentumswohnung
gründlich zu lesen, um insoweit Klarheit darüber zu haben, welche Abweichungen von den gesetzlichen Regelungen vereinbart worden sind.

dd) Konfliktpotential in der Eigentümergemeinschaft

In Wohnungseigentumsanlagen gibt es leider immer
wieder interne Streitigkeiten unter den Eigentümern. Dabei geht es häufig um die zulässige Nutzung des Sondereigentums und um Baumaßnahmen an Balkonen, die natürlich auch Einfluss auf das Erscheinungsbild des gesamten
Gebäudes haben. Nicht selten sind auch Streitigkeiten der
Eigentümergemeinschaft mit Handwerkern über die Ausführung von Reparatur- und Sanierungsmaßnahmen am
Gemeinschaftseigentum.

Beim Kauf einer Eigentumswohnung sollten Sie sich
daher einen Überblick über die von der Eigentümergemeinschaft in der Vergangenheit gefassten Beschlüsse
und die ausgetragenen Konflikte verschaffen. Aus den
Protokollen der Eigentümerversammlungen können Sie
auch Informationen entnehmen, die Rückschlüsse auf das
Klima in der Eigentümergemeinschaft zulassen. Wenn es
ernsthafte Streitigkeiten unter den Eigentümern oder mit
dem Verwalter gegeben hat, so wird das sicherlich seinen

Niederschlag im Text der Protokolle der Eigentümerversammlungen gefunden haben.

d) Sonderfall "Erbpachtimmobilie"

Sie können sich für ein Grundstück entscheiden, welches Sie vollständig als Eigentümer mit allen darauf stehenden Gebäuden und Gebäudeteilen ohne Einschränkungen und zeitlich unbefristet erwerben. Das ist der Normalfall beim Kauf von Grundstücken und Immobilien. In diesem Normalfall sind das Eigentum an dem Grundstück und das Eigentum an dem darauf gebauten Gebäude untrennbar miteinander verbunden und eine separate Übertragung von Grundstück ohne Gebäude oder von Gebäude ohne Grundstück ist nicht möglich.

Eine Ausnahme von diesen Grundsätzen wird bei der Erbpacht gemacht. Dazu räumt der Eigentümer eines Grundstücks einem Pächter das Recht ein, das Grundstück für den Bau der Immobilie auf Zeit zu nutzen ohne, dass der Bauherr das Grundstück kaufen und Eigentümer werden muss. In diesem Sonderfall werden das Eigentum an dem Grundstück und das Eigentum an dem darauf gebauten Haus getrennt. Die Details sind im **Erbbaurechtsgesetz (ErbbauRG)** geregelt. Da nach dem ErbbauRG erheblicher Spielraum für die inhaltliche Ausgestaltung des Erbbaurechtes besteht, muss der Kauf oder Bau einer Immobilie auf einem Erbbaugrundstück genauestens geprüft werden. Häufig wird eine Erbpachtzeit von 99 Jahren vereinbart. Nach Ablauf der Nutzungsdauer fällt das Eigentum an der Immobilie von dem Errichter und Eigentümer des Hauses an den Grundstückseigentümer. Ob der

Grundstückseigentümer nach Ablauf der Erbpachtzeit für das Gebäude eine Entschädigung an den Erbpächter zahlen muss und wie hoch diese ausfällt, hängt von der inhaltlichen Ausgestaltung des Erbbaurechtes ab. Eine Entschädigung kann auch gänzlich ausgeschlossen sein. Verletzt der Erbpächter seine Verpflichtungen aus dem Erbpachtvertrag in erheblichem Maße, kann das zur Folge haben, dass er das Eigentum an dem Gebäude an den Eigentümer des Grundstückes verliert. Diesen Fall bezeichnet man als Heimfall. Während der Nutzungszeit des Grundstückes muss der Erbpächter an den Grundstückseigentümer einen jährlichen Erbpachtzins zahlen. Das Erbbaurecht stellt eine Belastung des Grundstückes dar und wird juristisch selbst wie ein Grundstück behandelt, übertragen und belastet. Für den Eigentümer des Grundstückes hat die Bestellung eines Erbbaurechtes an den Bauherrn eines Hauses den Vorteil, dass er das Eigentum an dem Grundstück behalten und laufende Einkünfte daraus erzielen kann durch Vereinnahmung des Erbbauzinses. Für den Bauherrn oder Erwerber einer Immobilie auf einem Erbpachtgrundstück besteht der Vorteil darin, dass er kein Kapital für den Kauf des Grundstückes aufwenden muss, sondern nur den jährlichen Erbpachtzins. Daher ist eine Erbpachtimmobilie insgesamt weniger wertvoll als eine „normale" Immobilie. Wie hoch der Wertabschlag ausfällt, hängt von der Restlaufzeit des Erbpachtvertrages und von der Höhe des vereinbarten Erbpachtzinses ab. Dieser Wertabschlag kann daher nur individuell im Einzelfall ermittelt werden und nicht pauschal und einheitlich für alle Fallgestaltungen.

BONUSMATERIAL

Als Bonusmaterial zu diesem Ratgeber ist ein mächtiges Berechnungstool verfügbar, mit dem Sie alle wichtigen Eckdaten einer Renditeimmobilie erfassen können. Als Erwerber dieses Buches erhalten Sie das Tool kostenlos als Bonus, wenn Sie per Email einen Downloadlink anfordern:

mk2@alexander-goldwein.de

Das Berechnungstool wurde mit größtmöglicher Sorgfalt erstellt. Für die Richtigkeit ist eine Haftung des Autors oder des Verlages ausgeschlossen.

DER AUTOR

Alexander Goldwein ist gelernter Jurist und hat einen internationalen Bildungshintergrund. Er hat in drei Staaten in drei Sprachen studiert. Er ist mit Kapitalanlagen in Immobilien selfmade Millionär geworden.

Als Autor und Berater hat er zahlreiche Menschen zu wirtschaftlichem Erfolg geführt. Goldwein verfügt über eine große Bandbreite praktischer Erfahrung aus seiner Tätigkeit als Jurist in der Rechtsabteilung einer Bank sowie als kaufmännischer Projektleiter in der Immobilienbranche. In seiner praktischen Laufbahn hat er Immobilieninvestments in den USA und in Deutschland aus wirtschaftlicher und rechtlicher Sicht begleitet und verantwortet. Durch seine Bücher hat Goldwein sich bei privaten Kapitalanlegern einen legendären Ruf erarbeitet, weil er mit seinen ganzheitlichen Erklärungsansätzen den idealen Nährboden für gelungene Investitionen in Wohnimmobilien erzeugt. Mit eigenen Investitionen in Immobilien hat er ein beachtliches Vermögen aufgebaut und wirtschaftliche Unabhängigkeit erlangt.

Goldwein verfolgt konsequent den Ansatz, komplexe Themen einfach zu erklären, so dass auch Anfänger ohne Vorkenntnisse mühelos folgen können. Er erreicht so alle, die gerne in Immobilien investieren würden, aber bisher noch keinen Zugang zu dem notwendigen Fachwissen erhalten haben. Leider werden Grundkenntnisse des Investierens und des klugen Umgangs mit Geld in unserem Bildungssystem sträflich vernachlässigt. So erklärt sich, dass viele Menschen sich damit schwer tun und ihre Chancen nicht richtig nutzen.

GELD VERDIENEN MIT WOHNIMMOBILIEN

Erfolg als privater Immobilieninvestor

Als gebundene Ausgabe, Taschenbuch und eBook bei
Amazon erhältlich:

http://amzn.to/22FkyNs

ISBN: 978-0993950643 (Taschenbuch)

ISBN: 978-0994853332 (Gebundene Ausgabe)

STEUERLEITFADEN FÜR IMMOBILIEN-INVESTOREN

Der ultimative Steuerratgeber für Privatinvestitionen in Wohnimmobilien

Als gebundene Ausgabe, Taschenbuch und eBook bei Amazon erhältlich:

http://amzn.to/2ecvfF2

ISBN: 978-0994853363 (Taschenbuch)

ISBN: 978-0994853387 (Gebundene Ausgabe)

VERMIETUNG & MIETERHÖHUNG

Wegweiser zu Ihrem Erfolg: Mit anwaltsgeprüftem Mustermietvertrag

Als gebundene Ausgabe, Taschenbuch und eBook bei Amazon erhältlich:

http://amzn.to/22FlloI

ISBN: 978-0994853318 (Taschenbuch)

ISBN: 978-0994853394 (Gebundene Ausgabe)

IMMOBILIEN STEUEROPTIMIERT VERSCHENKEN&VERERBEN

Erbfolge durch Testament regeln & Steuern sparen mit Freibeträgen & Schenkungen von Häusern & Eigentumswohnungen

Als gebundene Ausgabe, Taschenbuch und eBook bei Amazon erhältlich: http://amzn.to/2cAaoPs
ISBN: 978-0994853370 (Taschenbuch)
ISBN: 978-0994853349 (Gebundene Ausgabe)

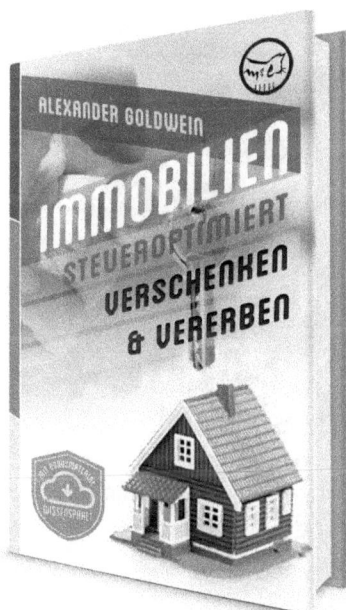

DIE GESETZE VON ERFOLG & GLÜCK

Ihr Weg zu finanzieller Freiheit & Zufriedenheit
Als gebundene Ausgabe, Taschenbuch und eBook bei
Amazon erhältlich:
http://amzn.to/2pPSAAm
ISBN: 978-3947201013 (Taschenbuch)
ISBN: 978-3947201136 (Gebundene Ausgabe)

IMMOBILIENFINANZIERUNG FÜR EIGENNUTZER

Ratgeber für Kauf, Bau & Kredit

Als gebundene Ausgabe, Taschenbuch und eBook bei Amazon erhältlich:

http://amzn.to/2tCIoAc

ISBN: 978-3947201099 (Taschenbuch)

ISBN: 978-3947201105 (Gebundene Ausgabe)

FERIENIMMOBILIEN ALS KAPITALANLAGE

Ferienwohnungen und Ferienhäuser im Inland und Ausland erwerben, finanzieren & vermieten

Als gebundene Ausgabe, Taschenbuch und eBook bei Amazon erhältlich:

http://amzn.to/

ISBN: 978-3947201150 (Taschenbuch)

ISBN: 978-3947201167 (Gebundene Ausgabe)